監修
梅原 猛

新版 古寺巡礼 奈良—1

法隆寺

法隆寺 管主
大野 玄妙

作家
立松 和平

淡交社

新版 古寺巡礼 奈良―1

法隆寺

目次

凡例

一．各宝物の解説に付したデータは原則として、名称、指定（重要文化財は重文と略）、時代、材質形状、法量（センチメートル）、所蔵者の順で記載した。

一．各宝物の名称は、収録寺院での呼称に統一した。

一．国宝や重要文化財の附（つけたり）には、附・国宝、附・重文と表記した。

一．法量は、「国宝・重要文化財大全」（文化庁監修、毎日新聞社刊）の数値を参考にした。

巻頭エッセイ

法隆寺、千四百年の祈り

作家
立松和平

南大門からはいるのが、私の法隆寺への参拝のし方である。この門に立ち、前方の中門と金堂と五重塔を見た時、いつものことながら私は法隆寺にまたくることができたなとの感動を覚える。諸行無常の世の中で、飛鳥時代からの姿を残していることが、何にも増して貴く感じられる。

私は毎年正月に法隆寺金堂修正会《しゅしょうえ》の御行《みおこな》いのためのお籠りをさせてもらっているのだが、その内容は金光明最勝王経《こんこうみょうさいしょうおうきょう》を講じることと、吉祥天に我が身の汚れを懺悔する吉祥悔過《きちじょうけか》である。法隆寺の「吉祥悔過開白文《かいびゃく》」によると、勅命により神護景雲二（七六八）年から宮中大極殿で行われ、諸国の大寺でも修法された。それから千二百数十年たち、今日でも古式にのっとって修法しているのが法隆寺である。この長い歳月にくらべて私が金堂に列するのはわずかな時間に過ぎないのだが、だからこそ今年も法隆寺にくることができたとの喜びを深く感じる。

南大門から石畳の道を歩いていく。右側は塔頭《たっちゅう》寺院の宝光院と護摩堂で、左側は洗心寮や寺務所があり、私はここに泊まっている。なお進むと参道は交差して十字路になり、右にいくと夢殿のある東院伽藍、左にいくと西大門で、門から出ればかつて法隆寺大工が住んだ集落の西里《にっさと》にはいる。私は十字路を直進して中門の正面に立つ。中門の奥には回廊が巡っていて、その中に法隆寺の中心をなす金堂や五重塔や大講堂がある。これを西院伽藍という。

法隆寺の建築物は、飛鳥時代の金堂、五重塔、中門、奈良時代の夢殿、伝法堂、平安時代の大講堂、鐘楼、鎌倉時代の聖霊院《しょうりょういん》、上御堂《かみのみどう》、西円堂、舎利殿、絵殿、室町時代の南大門から、平成時代の大宝蔵院百済観音堂まで、時間が層になって積み重なっていることに特徴がある。それは法隆寺が幾時代を超えてきた証明でもあるのだ。

柱の一本一本にその歳月は刻まれている。たとえば中門の内側の柱列は、下のほうが優美な曲線を見せて柔らかく膨んでいる。古代ギリシャ建築のエンタシスの柱の影響であるとの説を唱える人もある。西域や中国を通って朝鮮半島から伝わった様式ともいわれるが、美を追究していけばおのずといき着くべき場所に着くのだろうと私は感じる。

風雨にさらされたその柱は長い歳月のうちに罅《ひび》がはいり、罅の中にていねいに木が埋め込まれてパッチワークのように補修されている。補修自体が一つの芸術のようである。よく見れば、この補修の跡はあっちこっちにあるのだ。白木のまま風や雨を受けとめなければならない建築物にとって、この苛酷な条件の中で千三百年もの歳月を耐えてきたことは、奇跡のようにも感じる。「聖徳太子伝私記」によれば、法隆寺を起工したのは、三宝興隆の詔が発せられた推古二（五九四）年とされる。法隆寺建立は推古十五（六〇七）年といわれているが、本尊の金堂釈迦三尊像が造顕されたのが法隆寺の完成だとしたら、聖徳太子が四十九歳で薨去された翌年の推古三十一（六二三）年ということになる。つまり、聖徳太子は摂政として国の政治を司ってからずっと、法隆寺の造営をつづけていたということになる。それは千四百年前のことである。『日本書紀』には、天智九（六七〇）年「夜半法隆寺炎上し、一屋も余さず」と記されている。詔により法隆寺を再建したのが和銅元（七〇八）年と推定され、これが現在の法隆寺で、再建されてから千三百年たっていると考えられる。法隆寺はほぼ檜でつくられ、檜という材は使われ方によっては千三百年はもつということだ。

西里に住む法隆寺大工の伝説的な人物は西岡常一《つねかず》棟梁で、その弟子の小川三夫棟梁に私は聞いたのだが、法隆寺の柱はすべて芯去《しんさ》り材ということである。大径木の丸太は完全に乾燥させることが困難だ。木の性質どおり木なりに四つ割りにし、乾燥の難しい芯の部分を取り去って柱に仕立てた。原木の太さは相当なもので、樹齢千年を超えるものが多数あったはずだ。そんな檜の大木が、法隆寺からさほど遠くないところにあったということだ。大和川の水運を使って運ばれたと考えるなら、どんなに遠くても吉野あたりであったろうか。

よい材を使ってよい職人が造営したから、法隆寺の伽藍は千三百年もったということばかりではない。むしろ法隆寺は、素性の悪いといわれる材もあっちこっちに使われている。五重塔の二階から上は自然木がそのままの形で森林を形成し、強風が吹けば逆らわずにともに揺れる構造になっている。

私は金堂修正会で早朝二時間ばかり声明《しょうみょう》に参加し、終れば僧侶たちを先導して回廊を歩き洗心寮にいく。その時連子《れんじ》に朝日が当たり、歩くたび光と影とが交差する。その連子は一本一本形が違う。曲がっていたり、太さが不揃いだったりするのだ。機械で無理に同じ規格に削ったのではなく、ありあわせの木には違いないのだが、それぞれの木が個性を持って建物の一部として生きている。

もちろん基本的には、最高の職人が最高の材を使って造営したに違いないのだが、それなら容赦なく降りかかる風雨の下でそのまま千三百年建ちつづけ、それでも無事だったとは考え難い。私たちの前に千三百年の木造建築物が厳然として建っているのは、その時生きている人たちの努力、即ち断えざるメンテナンスのたまものなのだ。

年表を見ると、元禄七（一六九四）年に江戸出開帳《でがいちょう》をしたことが記されている。法隆寺の宝物を江戸城に運んで展示したのである。五代将軍徳川綱吉の生母桂昌院《けいしょういん》から大額の勧進を受け、諸大名の奥方が競って勧進をし、なお下町で江戸庶民のための出開帳もして、多額の金子を持って帰った。これは元禄の大修理と呼ばれる伽藍補修に供したのである。このやり方は、法隆寺展をする現代と変わらない。

元禄の大修理の後は、戦争が間にはいって五十年以上もかかった昭和の大修理である。元禄の大修理から昭和の大修理の完成までは、およそ三百年の間隔がある。昭和の大修理では五重塔を解体し心柱の基部を交換するという大修繕をほどこしたのである。その他に百年に一度ぐらいの中くらいの修理がくり返されてきた。

だが最も大切なのは、法隆寺大工が毎日伽藍を見てまわり、傷んだところを見つけたらすぐ修理をする日々の作業である。こうして法隆寺大工は古《いにしえ》のよき職人の術《わざ》を学んできたのだが、法隆寺とすればおかげでこうして大伽藍が護持される。私が見た中門の柱の埋め木は、この日々の修繕の跡なのである。当然のことながら、法隆寺の大伽藍は人の繊細な目と手によって守られてきたのである。

金堂修正会は早朝と昼と夜に約二時間ずつ厳修され、昼だけ大講堂で一部厳修される。私は月光の降る夜の伽藍の静寂や、朝のお勤めをすませて金堂から出て見る霜の輝きに胸が打たれる。代々伝えられてきた仏像をはじめ、何処もかしこも美をたたえた法隆寺であり、この大伽藍の中にいると、聖徳太子が求めてやまなかった天寿国《てんじゅこく》にいるような心地がする。聖徳太子は地上に天寿国をつくろうとしたのだ。それが法隆寺なのである。

「世間は虚仮《こけ》なり、唯《ただ》仏のみ是《こ》れ真《まこと》なり」

聖徳太子の言葉である。聖徳太子は政治をとり行い、世間、つまり現実の人間社会で数々の意欲的な改革をしてきた人物である。その世間はかりそめであり、偽りだといっている。そして、確かなのは仏だけだと。

聖徳太子は『三経義疏《さんぎょうぎしょ》』を著わした。三経とは、勝鬘経《しょうまんぎょう》と法華経《ほけきょう》と維摩経《ゆいまきょう》である。勝鬘経はインドの王妃のシュリーマーラー夫人《ぶにん》（勝鬘夫人）が、釈尊に信仰の告白をするとの構造である。維摩経は維摩居士が仮病を使い、次々と見舞いにやってくる釈尊の弟子を一人ずつ論破するのが導入部である。勝鬘夫人にせよ維摩居士にせよ、出家ではなく在家の人であり、その点は聖徳太子も同様だ。法華経は、蓮は泥の中でしか生きられないがその花は泥に染まらずに咲く、その花のようにこの濁世で汚れに染まらず生きることを説いた経典である。泥に染まらず生きることを菩薩行という。

『維摩経』（長尾雅人訳、中央公論新社）にはこう書かれている。

リッチャヴィー族の青年である宝蔵はこのように世尊に対する讃歌をたてまつったのち、世尊につぎのようにお尋ねした。

「世尊よ、リッチャヴィーのこれら五百人の若者たちは、すべて無上の完全な知に到達したいと発心《ほっしん》しております。彼らはまた、菩薩たちが仏陀の国土を浄めるということが、どういうことなのか、と（私に）尋ねました。

それゆえ、世尊よ、どうかこれらの菩薩たちに仏国土を浄めるということを説明していただきたいのです」

仏国土を浄める、つまりこの国を浄めるということはどういうことなのかとの宝蔵の難解な問いに、釈尊はこう答える。

「良家の若者たちよ、衆生という国土こそ、実は菩薩の仏国土なのである」

衆生こそ仏国土なのだということは、何処か別の土地に菩薩の国があるのではなく、人々の心の中にあるということである。そう考えると、聖徳太子は自身が治めている日本を菩薩の国にしようとしたということである。聖徳太子の「和を以て貴し」からはじまる十七条憲法の意味がよくわかる。中村元氏は『聖徳太子—地球志向的視点から』（東京書籍）で次のように翻訳されている。

第一条

おたがいに心が和らいで協力することが貴いのであって、むやみに反抗することのないようにせよ。それが根本的態度でなければならぬ。ところが人にはそれぞれ党派心があり、大局を見通している者は少ない。だから主君や父に従わず、あるいは近隣の人びとと争いを起こすようになる。しかしながら、人びとが上も下も和らぎ睦まじくできるならば、ことがらはおのずから道理にかない、何ごとも成しとげられないことはない。

聖徳太子の根本思想である和は、単なる従順によってもたらされるのではない。議論を尽くした果てに自ずから生まれる調和の道理を達成しなさいということだ。何処からも真中の場所、仏教でいう中庸の場所が必ずある。常に柔軟になり、違いを認めて人の意見に耳を傾ける寛容の心を持つようにするため、まず自分が変わらなければならない。それこそが菩薩道で、根本的に人間は信ずるに足るという性善説である。人間はもとより、草も木も国土でさえもすべて仏性《ぶっしょう》を持っている。それを「草木国土悉有仏性《そうもくこくどしつうぶっしょう》」という。

聖徳太子が定めた十七条憲法は、迷い多き衆生に向かって諄諄《じゅんじゅん》と菩薩道を説いたものである。聖徳太子は豪族が割拠して国家の体裁をなしていなかった飛鳥時代のこの国に、国としてのあるべき形を示したのである。それがつまり、菩薩の国ということである。篤《あつ》く三宝《さんぽう》を敬い、たえず他人の幸福を願う慈悲の光に包まれた菩薩によって成る国造りを、聖徳太子はめざしたと私は考える。しかしながら、聖徳太子の深遠なる理想は、いまだ実現されていないといわなければならない。

法隆寺はこの娑婆世界に天寿国を実現しようとした聖徳太子の理想に基づいて、建立された寺院である。飛鳥時代の先進的な外来思想である大乗仏教の究極の理想は、法隆寺に伝わる玉《たま》虫厨子《むしのずし》に描かれた捨身飼虎図《しゃしんしこず》のとおり、飢えた虎の母子に我が身を投げ与えた薩埵《さった》太子の行った自己犠牲である。

自分の身を捨てて人々を幸福にするこのような行為は、誰でもできるわけではない。できないのだが、いつでも捨身できるような気持ちで生きていくということであろう。

「諸悪莫作《しょあくまくさ》　諸善奉行《しょぜんぶぎょう》（もろもろの悪を行わず、もろもろの善を行う）」

これこそが仏教の根本であると、聖徳太子は日頃息子の山背大兄王《やましろのおおえのおう》に説いていたとされる。

『日本書紀』によれば、皇極二（六四三）年十一月一日、蘇我入鹿《そがのいるか》は斑鳩宮《いかるがのみや》に山背大兄王を襲撃した。山背大兄王は戦おうというまわりの人々の進言に、「十年は百姓を使役しないと決めた。私一身のゆえに、どうして万民を煩わし労することができようか。後世に民が私のせいで父母を喪ったといってほしくない」といって、上宮家の一族は法隆寺にはいり、全員が首をくくって自死した。「吾の一身を入鹿に賜う」といい残してである。これこそが究極的な聖徳太子の教え、釈迦の前生である薩埵太子が飢えた虎の母子に我が身の肉も骨も血も与えた捨身飼虎の菩薩行の実施なのである。

この世の天寿国である法隆寺は、各年代の建造物が層になって重なり、荘重な交響曲が鳴り響いているようで、今も美しい。だがもちろんそれだけではない。

金堂修正会に出仕する私は、法隆寺では金堂に最も長い時間とどまっている。吉祥悔過で行われるのは声明で、多くの仏菩薩の名を呼んで讃え、この場所においで願う。その中心にいるのは吉祥天である。オンマカシリヤエイソワカと吉祥天の真言を唱え、須弥壇《しゅみだん》のまわりを巡りながら椿の葉の散華をする。須弥壇の内におられる御像は、本尊の釈迦三尊、阿弥陀如来、薬師如来、毘沙門天、吉祥天、四天王である。かつては地蔵菩薩の木像と吉祥天の塑像があったが、現在は大宝蔵院に移されている。須弥壇の外には昭和になって焼失し、ただちに復元された壁画の諸仏諸如来がいて、天井のあたりには飛天が舞っている。この場所こそが聖徳太子が構想した天寿国、即ち浄土なのだと私は思う。

僧たちの祈りによって、吉祥天菩薩が法隆寺金堂に降臨される。その時出仕僧たちは立ち上がり、行の進行を手伝いながら自らも行をしている承任《じょうじ》という役目の私たち在家の者も、ともに声をあわせる。

「我今帰依《がこんきえ》　吉祥天《きちじょうてん》　證入大地《しょうにゅうだいち》　得自在《とくじざい》　成就仏法《じょうじゅぶっぽう》　度衆生《どしゅじょう》　示現方便《じげんほうべん》　希有者《けうしゃ》　香華《こうげ》
供養仏《くようぶつ》

（今、私は吉祥天に帰依をいたします。吉祥天はこの大地に證入して自在を得ます。仏法を成就し、衆生を救います。方便を表すまことに数少ない菩薩である吉祥天を、花や香を捧げて供養いたします）」

この後、この場に集まった諸仏諸如来にこちらの願いを祈り上げる。いろいろな願いがあるのだが、その中心は天下安穏《てんげあんのん》である。そうなるにはどうしたらよいのか。まず土地に力をもらって、食糧となる作物の恵みを得て、人々が幸福になり、その上でこの国が穏やかに治まる。

「地味増長《じみぞうちょう》　五穀成就《ごこくじょうじゅ》　万民豊楽《ばんみんぶらく》　鎮護国家《ちんごこっか》」

飛鳥以来の奈良仏教は国家仏教であるから、どうしても国家鎮護までこなければならない。これらの祈りは、祈る人個人の救済ではなく、全体の幸福への願いである。全体が幸福にならなければ、一人の幸福はないという、大乗仏教の理想なのだ。このことは即ち、聖徳太子が国造りにあたって高々と掲げた理想でもある。

建造物も、仏像も、仏画も、仏具も、隅々まで高貴な法隆寺は、創建以来千四百年間、再建からでも千三百年間、人々の幸福を祈りつづけてきた寺なのである。今日では文化財と呼ばれる建造物も、仏像も、仏画も、仏具も、祈りの声を長いこと聴いて輝きを増してきたのである。

（この原稿は平成二十一年十一月に執筆されました）

新版 古寺巡礼 奈良―1

法隆寺

Hōryūji

〈図版解説〉京都市立芸術大学准教授 礒波 恵昭

斑鳩の里から見た伽藍群

Ikaruganosato Garangun

法隆寺西院伽藍（さいいんがらん）の金堂や五重塔は、7世紀の最新の建築様式で建造された当時としては大規模な建築で、壮麗な姿は人々の注目を集め、聖徳太子を敬う参詣者を導いてきた。周囲の状況が大きく変わった現在でも、五重塔を遠くから望むことができ、斑鳩（いかるが）の里の象徴的景観となっている。

南大門 Nandaimon

◆国宝　室町時代（永享10年）

西院伽藍の正面に位置する南大門は、火災に遭い永享10年（1438）に再建された。軒反りの大きい重厚な屋根を持った室町建築の典型的な姿で、法隆寺を代表する門としてふさわしい格式を備えるとともに、組物の中備には花形の肘木（ひじき）が升形を支える形式を採用し、華やかさも併せ持つ。

中門 Chūmon

◆国宝　飛鳥時代（白鳳期）

西院伽藍の中心部、廻廊（かいろう）に囲まれた一画の正面に中門は建つ。軒を支える組物には雲形組物を用い、2層目には卍崩しの高欄（こうらん）をめぐらすなど、金堂や五重塔と同様の様式を示すが、組物の雲形の曲線はおとなしく、柱の胴張りも最も控えめであり、金堂や五重塔に遅れて建造されたとみられる。なお、中門に安置される金剛力士像（20頁）は和銅4年（711）に造立されているので、中門自体もそれまでには完成していたと考えられる。

金剛力士像　Kongōrikishi

◆重文　奈良時代（和銅4年）　塑造彩色　像高 阿形（右）：379.9cm　吽形（左）：378.5cm　中門安置

金剛力士像は護法神のひとつで、日本では寺門などに阿吽一対で安置され上半身裸形の筋骨隆々とした姿で表されることが多く、一般には仁王の名で知られる。中門に安置される本像は当初粘土で造る塑造（そぞう）であったが、長年にわたり風雨にさらされたため、口を閉じる吽形像は下半身が木造に改められ、開口する阿形像も全面にわたり補修されている。それでも的確で柔らかな肉付けなど随所に当初の伸びやかな写実様式を認めることができる。

廻廊　Kairō （21頁）

◆国宝　奈良時代

西院伽藍の中心部を囲んで建てられる廻廊は、南は中門左右に接し、北では現在は講堂に接続するかたちとなっている。軒を支える組物は金堂や五重塔、中門と異なり、雲形を用いない簡明な様式であり、柱の胴張りも中門と同様少なくなっていることから、金堂や五重塔に遅れて中門とほぼ同時期に建造されたと考えられる。それでもならび立つ柱を見ているとわずかな胴張りがもたらす効果は絶大で、後の建築にはない独特のリズムが感じられる。連子窓（れんじまど）の隙間が大きく、外の景色がよく見える鷹揚さを示すのもこの時代ならではの特徴といえる。

金堂 Kondō

◆国宝 飛鳥時代(白鳳期)

西院伽藍中央東に位置する金堂は、外観二層(内部は一層)で下層には裳階(もこし)を付ける。軒を支える組物は雲形組物で、上層には卍崩しの高欄をめぐらすなど、五重塔・中門と同様の斑鳩地域の7世紀独特の様式を示すが、雲形組物には線彫りをあらわすなど特に古様を示す。地上に現存する日本最古の木造建築としてその価値は計り知れない。『日本書紀』などによると天智9年(670)に法隆寺は全焼したといい、その後の再建と考えられていたが、近年行われた金堂や五重塔の建築部材の年輪年代測定に基づいて、火災以前に建築が始められていた可能性も指摘されており、建築年代については今後さらなる議論が期待される。

金堂内部　Kondō

金堂内部の母屋部分には須弥壇（仏壇）が築かれ、その上に仏たちが安置される。天井からは方形の天蓋（てんがい）が柱間にあわせて東・中・西の三カ所から吊られる。東の間には薬師如来像、中の間には釈迦三尊像、西の間には阿弥陀三尊像がそれぞれ中央に安置される。外陣の壁面には阿弥陀浄土や薬師浄土が描かれ、内陣の頭貫上には飛天を描いた小壁があるが、飛天小壁をのぞいて昭和24年（1949）の火災で惜しくも焼失した（現在は模写が入れられている）。ほとけの建物である金堂にふさわしく華麗な天蓋や壁画で荘厳された濃密な空間が見事である。

釈迦三尊像　止利仏師作　Shakasanzon （25頁）

◆国宝　飛鳥時代（推古31年）　銅造鍍金
　像高 中尊・釈迦如来像（中央）：87.5cm　左脇侍・薬王菩薩像（右）：92.3cm
　　　 右脇侍・薬上菩薩像（左）：93.9cm　金堂安置

釈迦如来を中央に、左右に薬王・薬上の脇侍菩薩、後ろに三尊を覆う大光背を配した釈迦三尊像で、金堂中の間の本尊として安置される。面長な顔には杏仁（きょうにん）形の目をあらわし、口角を上げた表情からは不思議な微笑（アルカイックスマイルと呼ばれる）が感じられる。衣は厚手で幾何学的な襞（ひだ）を形成し、台座にかかる懸裳は裾を左右に大きく広げて張り出すなど左右対称性が強い。全体として厳格で神秘的な雰囲気が強い飛鳥様式の典型的作例で、古代日本を代表する仏像の一つ。三尊・光背とも銅鋳造製で表面には鍍金が施される。

釈迦三尊像 光背銘

Shakasanzonzō Kōhaimei

釈迦三尊像（25頁）の光背裏面中央には14行にわたり銘文が刻まれる。それによると、聖徳太子と后（菩岐々美郎女）の病気平癒を祈願して后や王子達が本釈迦三尊の造立を発願したが、その後相次いで后と太子が亡くなったため、その前年に亡くなった太子の母后（間人〔はしひと〕皇后）とあわせて三人の冥福を祈願して止利（とり）仏師によって推古31年（623）に制作されたことなどが記されている。

薬師如来像 光背銘

Yakushinyoraizō Kōhaimei

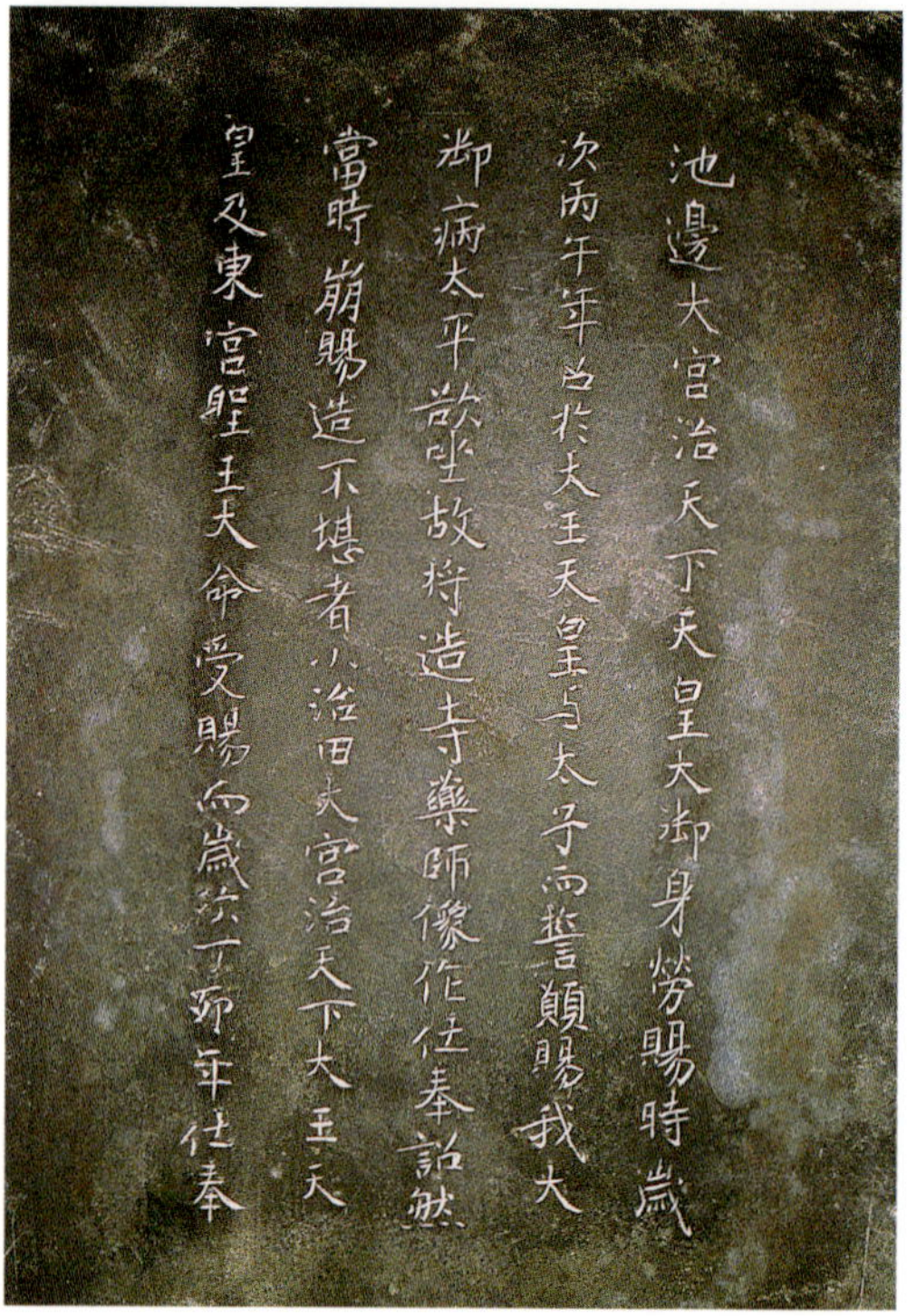

薬師如来像（27頁）の光背裏面には銘文が刻まれ、それによると、用明天皇が自らの病気平癒を祈願して薬師如来像の造像を発願したが、崩御し果たせなかったので推古天皇と聖徳太子が用明天皇の遺命を受けて推古15年（607）に制作したという。この銘文にしたがうと中の間の釈迦三尊像より古いことになるが、様式的にはこちらのほうが新しいとみられるので、薬師像に法隆寺の創建にかかわる縁起を仮託するためか、あるいは、薬師像の前身となる像が存在したものの火災などで失われ、その再興像として制作された際に当初像の由緒を伝えるために銘が刻まれた、などの事情が想定できる。その時期としては『日本書紀』に記す天智9年（670）の火災が一つの目安となろう。

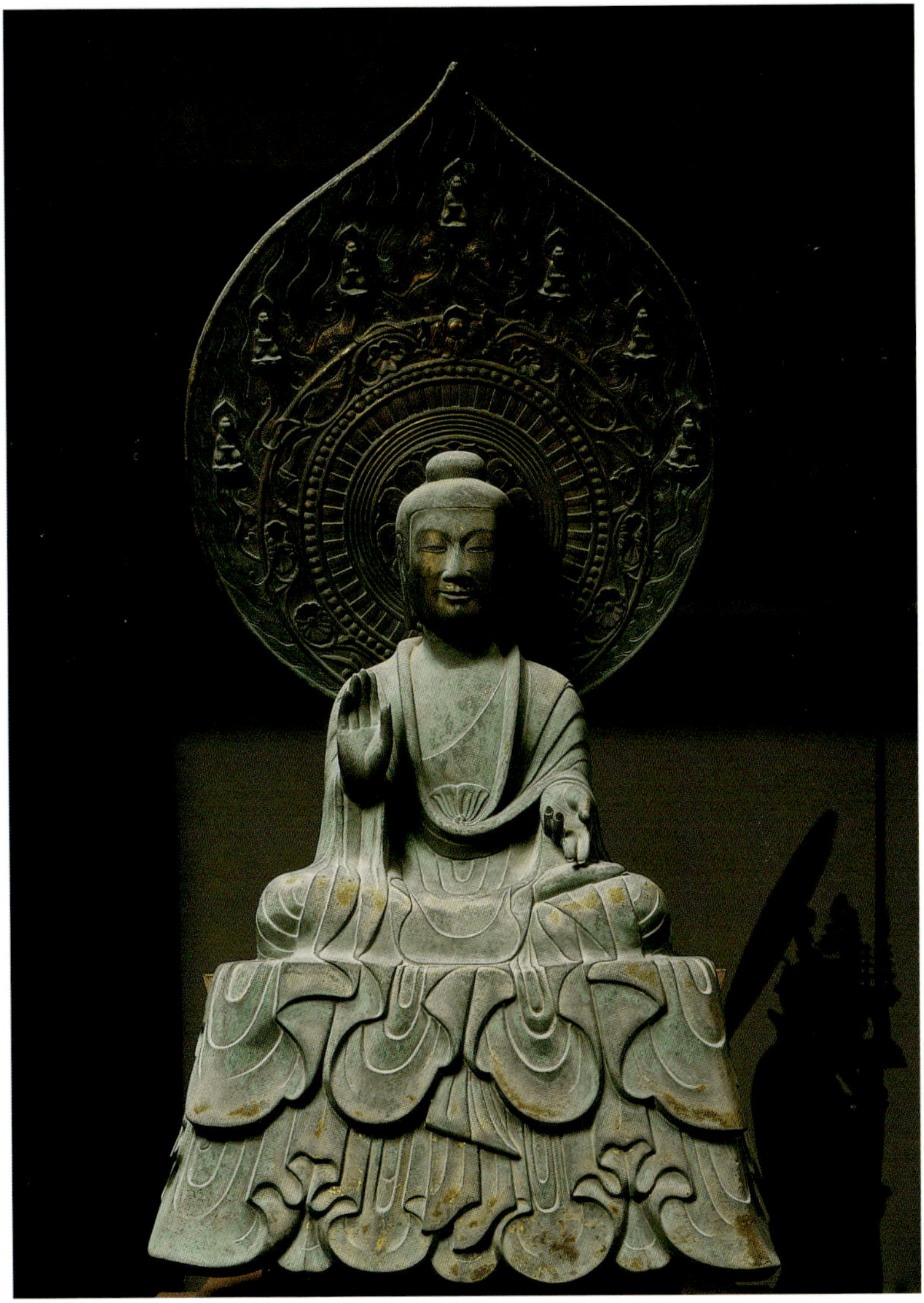

薬師如来像　Yakushinyorai

◆国宝　飛鳥時代（白鳳期）銅造鍍金　像高63.8cm　金堂安置

金堂東の間の本尊として安置され、金堂中の間の釈迦三尊像のうちの釈迦如来像に似た造形を示す。しかし、表情にはより柔和さが感じられ、両膝にも丸みが感じられ、衣の表現も台座にかかる懸裳の裾の左右への張り出しが弱くなるなど、全体に釈迦三尊像の厳格さは薄まっているといえる。様式的には釈迦三尊像より遅れる、白鳳期に入ってからの制作と考えるのが妥当であろう。

阿弥陀如来および両脇侍像　康勝作　Amidanyorai Ryōkyōji

中尊・阿弥陀如来像（中央）：◆重文　鎌倉時代（貞永元年）　銅造鍍金　像高64.6cm
左脇侍・観音菩薩像（右）　：◆重文　鎌倉時代（貞永元年）　銅造鍍金　像高55.4cm
右脇侍・勢至菩薩像（左）　：平成6年　銅造　像高55.2cm
金堂安置

金堂西の間に安置される阿弥陀如来および観音・勢至菩薩像。阿弥陀如来像の光背の銘文より、鋳造の原型は康勝（運慶の四男）が作ったことや、制作年（貞永元年〔1232〕）などが知られる。阿弥陀如来像は一見すると金堂中の間の釈迦三尊像や東の間の薬師如来像と似ているが、現実味を帯びた表情や衣の表現は鎌倉時代の様式であり、古仏に範をとった模古作であることがわかる。両脇侍も同様に白鳳期の菩薩像に基づいている。なお、勢至菩薩像は現在フランス・ギメ美術館の所蔵となっており、堂内にはレプリカが安置されている。

毘沙門天立像(右)　Bishamonten

◆国宝　平安時代(承暦2年)　木造彩色切金　像高123.2cm　金堂安置

吉祥天立像(左)　Kichijōten

◆国宝　平安時代(承暦2年)　木造彩色切金　像高116.7cm　金堂安置

金堂中の間釈迦三尊像の左右に安置される像で、承暦2年(1078)に造立され釈迦三尊とともに吉祥悔過会(きちじょうけかえ)の本尊とされた。悔過とは本来自らの犯した過ちを仏前で悔い改め、さらには福徳を願うことで、吉祥悔過会では天下泰平や五穀豊穣などが祈願された。吉祥天の柔和な表情や、毘沙門天の控えめな体の動きや肉付けに、典型的な平安時代後期の典雅な様式をみることができる。表面には金箔を細く切って文様を表す切金(きりかね)を交えた彩色が鮮やかに残っており、数少ないこの頃の仏像の彩色として大変貴重である。

増長天

持国天

四天王立像　Shitennō（30・31頁）

◆国宝　飛鳥時代　木造彩色切金
像高　持国天：133.3cm　増長天：134.3cm　広目天：133.3cm　多聞天：134.2cm
金堂安置

金堂須弥壇四隅に安置される護法神像。四天王は日本では須弥壇（仏壇）右手前から時計回りに、持国天、増長天、広目天、多聞天の順に配置されるのが通例で、本四天王も同様である。4体とも眉根を寄せて、甲冑を着け手に武器をとり、邪鬼の上に直立する謹厳な姿である。↖

多聞天

広目天

↘後世の四天王が体を大きく動かし仏敵に備える体勢をとるものが多いのに対し、本四天王は直立する動きのない姿勢が特徴であり、飛鳥様式の日本最古の四天王像として極めて重要な作例である。しかし、両腕から垂下する天衣の下端が後ろから前に翻るのは飛鳥様式には見られない奥行き方向の表現であり、新しい様式展開を看取することができる。同様の表現が百済観音像にも見られるのは興味深い。樟材製で、金箔を細く切って文様を表す切金を交えた彩色が施される。広目天と多聞天の光背裏面に作者を記した刻銘があり、広目天の銘文中の「山口大口費」が『日本書紀』白雉元年(650)の条に千仏像を造ったとして記載される「漢山口直大口」と同一人物と考えられることから、本四天王像の制作もその頃を目安にできる。

金堂壁画　阿弥陀浄土図（焼損前）（32頁）

Kondōhekiga Amidajōdo

飛鳥時代（白鳳期）　土壁彩色　縦313.0cm　横260.0cm

西院金堂外陣の内壁には大小12面の壁画が描かれていた。釈迦・阿弥陀・弥勒・薬師の各浄土を描いたとされる4面の大壁と、菩薩像を描いた8面があり、図版はそのうち最も充実した表現の阿弥陀浄土図である。中央に阿弥陀如来、左右に観音・勢至菩薩、上方には天蓋などが表される。鉄線描とよばれる肥痩のない輪郭線や強い隈取り、肉体の抑揚を明確にあらわす描法が特徴であり、官能的ともいえる素晴らしい表現が7世紀後半に伝えられた初唐の充実した絵画様式を基本としていることがわかる。

金堂壁画　飛天図　Kondōhekiga Hiten

◆国宝　飛鳥時代（白鳳期）　土壁彩色　縦71.5cm　横135.2cm

金堂内陣頭貫上には飛天図が20面描かれる。2体の天人が散華のための花皿を持って天衣をなびかせながら飛来する様子を描いており、張りのある輪郭線や隈取りの強い官能的な身体表現は外陣内壁の阿弥陀浄土図などと同様である。昭和24年（1949）の火災の際には取り外されていて難を逃れており、外陣内壁の浄土図や菩薩図が焼失してしまった現在、金堂壁画の姿を伝えるものとしてその価値は計り知れない。なお、20面とも同じ図様で、ひとつの原図を写して描いたと考えられる。

五重塔　Gojūnotō

◆国宝　飛鳥時代（白鳳期）

西院伽藍中心部の金堂西方に位置する五重塔で、初層に裳階が付くので六重に見える。後世の塔に比べると、上層に行くにしたがって平面を小さく作る逓減率（ていげんりつ）が大きいため、安定感のある姿が特徴である。内部中央を貫く心柱（しんばしら）基部には舎利容器（しゃりようき）を納置し、釈尊の遺骨を安置したインドのストゥーパ以来の伝統を受け継いでいる。なお、5層目の屋根を支える龍のからみついた支柱は後世に加えられたもので、屋根勾配も当初は下層と同様もう少し緩やかであった。

五重塔　見上げ　Gojūnotō

五重塔の細部に目を向けると、雲形組物や2層目以上にめぐらされた卍崩しの高欄は金堂と同様であるが、雲形組物に筋彫りがないなど全体に意匠がおとなしく、金堂よりやや遅れての建造とみられる。しかし、内部の心柱は年輪年代から6世紀末に伐採されたことが判明しており、金堂と同様、建造年代については今後とも議論が続くであろう。なお、4層目壁付きの組物は柱間が狭まるため雲斗（くもと）を隣接する組物で一部共有し、さらに狭くなる5層目ではそれもかなわず柱間を2間としており、後世の塔ではみられない上層への逓減を優先した興味深い手法である。

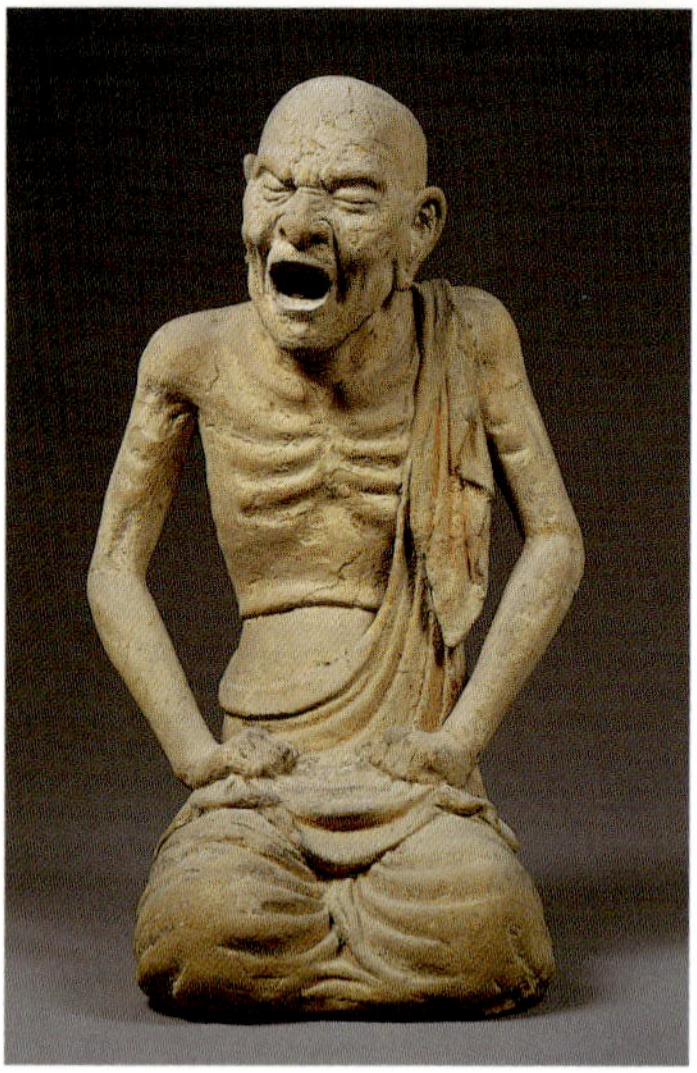

羅漢像

五重塔塔本塑像 涅槃像土(上)

Gojūnotō Tōhonsozō Nehanzōdo

維摩詰像土 Yuimakitsuzōdo (37頁)

◆国宝 奈良時代(和銅4年) 塑造彩色漆箔
羅漢像(左):像高40.6cm

西院五重塔初層内部4面に表される塑造の群像。東面は『維摩詰所説経』に説く維摩居士と文殊菩薩との問答の場面をあらわす維摩詰像土(ゆいまきつぞうど、37頁)、北面は釈迦涅槃の場面をあらわす涅槃像土(上)、西面は釈迦如来入滅後、遺骨(舎利)を分骨する分舎利仏土、南面は釈迦入滅後56億7千万年後に地上に如来となって現れるとされる弥勒を中心とした弥勒像土である。北面の涅槃像土は中央にまさに涅槃に入ろうとする釈迦如来をあらわし、脈をとる耆婆大臣や、悲しみのあまり口を開けて号泣するような弟子たちを周りに配す。東面の維摩詰像土は、向かって右に配置される謹直な文殊菩薩と左側の鷹揚な維摩居士との対比が興味深い。いずれも粘土による塑造ならではの柔軟で自在な造形を生かしており、奈良時代初期の清新な写実様式がよくあらわれている。

経蔵 Kyōzō

◆国宝　奈良時代

経蔵は一切経を納置するための寺院には欠かせない建物の一つ。西院伽藍の五重塔北西に位置し、現在は廻廊と接する。楼造りで、下層を高く、上層を低くしたため軽快で安定感のある外観を呈する。三斗組とする組物の肘木や、屋根の妻の二重虹梁の伸びやかさに、奈良時代の建築の特徴をみることができる。

鐘楼　Shōrō

◆国宝　平安時代

鐘楼は法要の時刻などを知らせる梵鐘を吊る建物で、経蔵と対称の位置に建てられることが多い。西院伽藍の鐘楼は延長3年（925）に講堂などとともに焼失後、11世紀になって再建されたものである。再建に際し経蔵を参考にしたことは明らかで、同様の楼造りの二層構造をとるが、上層の高さがより高く、屋根の勾配もきつく、全体に重厚さが増しており、時代の差が感じられる。上層に梵鐘を吊っている。

大講堂　Daikōdō

◆国宝　平安時代（正暦元年）

講堂は寺僧が集い仏法の講説を聴聞する場所で、通常伽藍後方に位置する。現在の大講堂は延長3年（925）に鐘楼などとともに焼失した後、正暦元年（990）に再建された。この頃から流行する屋根勾配をきつくし屋根を高くみせる工法をとっており、飾り気の少ない外観ながらも堂々とした存在感が生み出されている。さらに中世から江戸時代にかけて改修され、現在の姿となっている。

釈迦三尊像 Shakasanzon

◆国宝　平安時代　木造漆箔
　像高 中尊・釈迦如来像（中央）：227.9cm　左脇侍・文殊菩薩像（右）：155.7cm
　　　右脇侍・普賢菩薩像（左）：153.8cm
　上御堂安置

上御堂の本尊像で、中央に釈迦如来、その左に文殊菩薩、右に普賢菩薩を配す。大講堂の薬師三尊像と全体に似ているが、より重厚で抑揚に富んでおり、こちらの三尊の方が制作年代は古いとみられる。

薬師三尊像 Yakushisanzon （40頁下）

◆国宝　平安時代　木造漆箔
　像高 中尊・薬師如来像（中央）：247.1cm　左脇侍・日光菩薩像（右）：172.1cm
　　　右脇侍・月光菩薩像（左）：172.1cm
　大講堂安置

大講堂の本尊像で、中央に薬師如来、その左（向かって右）に日光菩薩、右に月光菩薩を配す。雄大でどっしりとした風格の感じられる像であるが、やや低いめの肉髻（にくけい）、カーブする髪際（髪の生え際）、同心円状の衣文、正面観ではそれほどではないものの側面からみると奥行きのある体軀など、典型的な10世紀彫刻の様式を示す。大講堂再建と同時の正暦元年（990）頃の制作と考えられる。

西円堂　Saiendō

◆国宝　鎌倉時代（建長2年）

西円堂は奈良時代の創建と考えられ、本尊として奈良時代の脱活乾漆（だっかつかんしつ）造の薬師如来坐像を安置する。現在の建物は鎌倉時代、建長2年（1250）の再建になる。平面八角形の八角円堂で、扉は正面をはじめ四方に設けるものの、連子窓は背面側（図版左側）には設けず、また組物も比較的簡素な三斗組で、実用本位ともいえる堅実なつくりが特徴。2月には修二会（しゅにえ）にひきつづき追儺式（ついなしき）がここで執り行われる。

薬師如来坐像　Yakushinyorai（43頁）

◆国宝　奈良時代　脱活乾漆造漆箔　像高246.3cm　西円堂安置

西円堂本尊の薬師如来像で、「峰の薬師」の通称で知られる。麻布を貼り重ねて概形を作り、漆に木の粉末や小麦粉を混ぜた木屎漆（こくそうるし）で細部を成形する脱活乾漆（だっかつかんしつ）造としては奈良時代では数少ない丈六の大きさの本格的な造像である。まるまるとした面相に大振りの目鼻立ちを表し、体軀も雄大で、脱活乾漆造に独特の細部にあまり拘泥しない造形とも相まって、悠揚とした気分が感じられる。

東室（写真左）
Higashimuro

◆国宝　飛鳥〜奈良時代

妻室（写真右）
Tsumamuro

◆重文　平安時代（保安2年）

東室は西院伽藍の東僧房として建てられた。古代の寺院には僧の住居である僧房が設けられ、通常は中心伽藍の東西さらに北にも建てられることが多かった。扉口と連子窓一組で一房（一室）になる。保安2年（1121）に大改修され南側（図版手前側）は聖徳太子をまつる聖霊院（しょうりょういん）とされた。妻室は東室付属の小子房。小子房とは大寺院の僧房（大房とよぶ）に付属する建物で、大房に住む僧の従者の住居であった。保安2年の東室大改修と同時の建造とみられる。

聖霊院　Shōryōin

◆国宝　鎌倉時代（弘安7年）

東室の南側を聖徳太子の五百回忌にあわせて保安2年（1121）に改修したのが聖霊院のはじまりで、現在の建物は弘安7年（1284）にさらに改築されている。入母屋造りの妻入りとする正面には吹き放ちの広庇や蔀戸（しとみど）を設け、すっきりとした外観は住宅風の趣を見せる。内陣には瀟洒な厨子を設え、聖徳太子および侍者像などを安置する。

聖徳太子および侍者像　Shōtokutaishi Jisha

◆国宝　平安時代（保安2年）　木造彩色切金　聖徳太子坐像：像高84.2cm　聖霊院安置

聖霊院の本尊像で、聖徳太子を中央に、左右に太子の子である山背大兄王（やましろのおおえのおう）、異母弟である殖栗王（えぐりおう）・卒末呂王（そまろおう）、仏教の師である恵慈法師（えじほうし）を配す。太子五百回忌（保安２年〔1121〕）にあわせて造像されたと考えられる。聖徳太子像は袍（ほう）を着け冠を戴き笏（しゃく）を持つ謹厳な姿をしているため、摂政（せっしょう）の姿とみることもできるが、わずかに口を開け歯を見せる表情は、太子35歳の折りに『勝鬘経（しょうまんぎょう）』を講讃した姿を表していると考えるほうがよかろう。それに対して三王子および恵慈法師はおおらかで現代の我々にはややユーモラスささえ感じられる表情が特徴で、平安時代後期の典雅な情趣が色濃く認められる。5体ともに木造で表面には切金（きりかね）を交えた彩色が施される。なお、聖徳太子像の瞳には青緑のガラス板を嵌めており、極めて特殊で入念な技法といえるが、本像が特に法隆寺にとって重要な像であることを示唆している。

山背大兄王像　Yamashironoōenoō

◆国宝　平安時代　木造彩色切金　像高63.9cm

恵慈法師像　Ejihōshi

◆国宝　平安時代　木造彩色切金　像高63.9cm

殖栗王像　Eguriō

◆国宝　平安時代　木造彩色切金　像高53.9cm

卒末呂王像　Somaroō

◆国宝　平安時代　木造彩色切金　像高52.4cm

法隆寺の茶店に憩ひて
柿くへば鐘が鳴るなり法隆寺
子規

「柿くへば」句碑とその周辺　“Kakikueba” Kuhi（50頁）

正岡子規（1867〜1902）が、明治28年（1895）10月に松山から上京する途中に奈良を訪れた際に詠んだという「法隆寺の茶店に憩ひて／柿くへば　鐘が鳴るなり　法隆寺／子規」の句碑が聖霊院南の鏡池畔に建てられている。

綱封蔵　Kōfūzō

◆国宝　平安時代

寄棟造で高床（たかゆか）式の倉。南と北に倉庫を設ける双倉（ならびくら）で、その中間には床や壁を設けない。綱封とは三綱（さんごう）、すなわち寺院の管理運営や僧尼の監督にあたる上位の三役の僧が封をするという意味である。倉の壁は外見では漆喰塗りの白壁であるが、内部には下半に厚板がはめ込まれており、盗難対策と収納物による壁の破損に備えたものと考えられる。倉の入り口は中間部分に向いており、雨に当たりにくくなっている。倉庫への出納の際は、中間部分に階段あるいは梯子を取り付け、床板を仮に設置して荷物の出し入れを行ったとみられる。

食堂（写真奥） Jikidō

◆国宝　奈良時代

細殿（写真手前） Hosodono

◆重文　鎌倉時代

食堂（じきどう）は僧尼が食事をともにする場所で、寺院において集団生活が重要視された古代においては必須の施設であった。法隆寺の食堂はもとは政所として建てられたもので、のちに食堂に転用された。細殿は食堂に接して建てられており、現在は吹き放ちとなっているが、もとは食堂との間の軒先の接する部分に雨樋を通し、食堂と一体の空間として利用されていた。奥行きのある建物を建てるのが困難な時代にはこうして二棟の建物を並んで建てて内部空間を一体化し、奥行きを確保する双堂形式が時折採用された。

西大門から東大門への見通し Saidaimon Tōdaimon （53頁）

東大門：◆国宝　奈良時代

西大門（手前）は寺域の西端に建つ門。平安時代半ばまではここから東大門へと続く道の北側（図版左側）に寺域の南端を区切る大垣があり、南大門もこの大垣の中間に建っていた。子院の増加に伴い南大門は長元4年（1031）に南側の現在地に移転し、西大門も長元8年（1035）から長暦3年（1039）の間に建てられ、東大門も食堂前方から現在地にこの頃移築され、寺域を囲む大垣も整備されて、現在の広い境内地が形成された。

夢殿 Yumedono

◆国宝　奈良時代

夢殿は聖徳太子一族が住まわれた斑鳩宮(いかるがのみや)の故地に奈良時代になって造営された東院(とういん)伽藍の中心堂宇で、聖徳太子および一族の冥福を祈願し、その遺徳をしのぶために聖徳太子等身の姿を写したと伝える救世(くせ)観音像を本尊として安置する。平面八角形の八角円堂で、屋根の頂には華麗な露盤宝珠(ろばんほうじゅ)を上げる。八角円堂は本来故人を追善するための堂宇としての性格を帯びており、夢殿はまさに聖徳太子をまつるにふさわしい建築といえる。鎌倉時代に屋根周りが改修され、組み物は一段高く、軒の出も深く、屋根も高くされ軒反りもきつくなり、荘厳な姿を見せる。

救世観音立像　Kusekannon

◆国宝　飛鳥時代　木造漆箔
　像高178.8cm　夢殿安置

夢殿内の南面する厨子内に安置される秘仏の観音菩薩立像。聖徳太子の姿を写したと伝えられ、「救世(くせ)観音」の通称で知られる。面長で不思議な微笑をたたえた神秘的な表情、胸前で火焔宝珠を捧げ持つ両手も含めて左右対称性が強く意識された全体の造形、幾何学的な強い屈曲のある衣文など、止利仏師作の西院金堂釈迦三尊像などと同じ飛鳥様式が認められる。しかし本像の方が面相の抑揚が強く、衣文にも鋭い切れ味が感じられ、光背の火焔文も強い巻き込みを呈するなど、止利仏師の様式とは微妙な相違が見いだせる。樟材製で、漆箔仕上げとする。明治時代まで厳格な秘仏として伝えられたが、調査に訪れたフェノロサが寺僧の反対を押し切って像全体を巻いていた白布を解いたところ、本像が出現し驚嘆したというエピソードはよく知られているところである。

聖徳太子孝養像

Shōtokutaishi Kōyōzō

◆重文　鎌倉時代　木造彩色
像高91.1cm　夢殿安置

夢殿内に安置される聖徳太子像。聖徳太子像にはいくつかの形式があるが、本像は「孝養像」と呼ばれるもので、太子16歳の折、父用明天皇の病気平癒を祈願した姿とされ、髪は貴顕の子供の髪型である角髪（みずら）とし、袍の上に袈裟を着け両手で柄香炉（えごうろ）をとる姿で表される。鎌倉時代以降に流行し各地で造立されたが、本像はその中でも表情や衣のすっきりと整った写実様式が特徴である。

行信僧都坐像　Gyōshinsōzu

◆国宝　奈良時代　脱活乾漆造彩色　像高88.5cm　夢殿安置

行信は法相（ほっそう）教学を中心に修めた奈良時代の僧で、聖徳太子一族の斑鳩宮の故地が荒廃しているのを嘆き、その地に現在の東院伽藍を建立したことで知られる。本像は行信の功績を称え伝えるために、その没後あまり経ないうちに造立されたと考えられる肖像彫刻で、口を固く結び、目尻をつり上げた意志的な表情、頭頂から額にかけての左右にくぼみを表した特徴的な頭部など、力強く個性的であり、奈良時代の写実性の一端をうかがい知ることができる。

東院鐘楼　Tōinshōrō

◆国宝　鎌倉時代

東院の鐘楼で、上階には中宮寺（ちゅうぐうじ）から移されたと考えられる奈良時代の梵鐘を吊す。下階の周囲に雨よけのための壁を裾広がりに設置しているため、この形式の鐘楼を袴腰付（はかまごしつき）鐘楼と呼んでいる。平安時代末期の創建であるが、鎌倉時代に再建に近い大修理を受け、全体に鎌倉時代の様式に改められている。創建当初から袴腰付であり、この形式の鐘楼としては最古。

伝法堂　内部 Denpōdō

◆国宝　奈良時代

伝法堂は東院伽藍の講堂に相当する堂宇で、聖武天皇の夫人であった橘古那可智（たちばなのこなかち）の邸宅を移築し仏堂に改修したもの。当初から床板が張られており、この当時としては極めて異例で注目されるが、住宅を改修したためと考えられる。現在内部には奈良時代制作の3組の乾漆造の阿弥陀三尊像をはじめ、平安時代にかけての多数の仏像が安置されるが、当初の安置仏などは明らかでない。

絵殿・舎利殿　Eden Shariden

◆重文　鎌倉時代（承久元年）

東院の宝蔵として聖徳太子関連の遺品を納めるために建てられたが、のちに聖徳太子が2歳の時に合掌した掌中に感得したという舎利を東側に安置して舎利殿とし、西側には聖徳太子一代の伝記を絵画化した聖徳太子絵伝を治暦5年（1069）に絵師秦致貞（真、はたのむねさだ）が描き、絵殿とした。現在の建物は、承久元年（1219）に旧材を一部利用して再建されたもの。秦致貞（真）筆の聖徳太子絵伝は明治時代に皇室に献納され、現在、東京国立博物館の所蔵となっている。

聖徳太子勝鬘経講讃図　Shōtokutaishi Shōmangyō Kōsan

鎌倉時代　絹本著色　縦210.5cm　横177.4cm

『日本書紀』によると聖徳太子は推古天皇14年（606）に勝鬘経（しょうまんぎょう）を講じたというが、その場面を表したもの。中央には衣冠に袈裟を着用して机上の勝鬘経を前に講経する聖徳太子を描き、その周囲に画面向かって左から太子の子である山背大兄王、太子の師である高句麗（こうくり）僧恵慈（えじ）、百済博士学哃（くだらはかせがくか）、蘇我馬子（そがのうまこ）、小野妹子（おののいもこ）らが聴聞する姿を表す。聖徳太子の重要な事績を、鎌倉時代はじめの明るくしっかりとした画面構成で描き出している。

百済観音像　Kudara Kannon

◆国宝　飛鳥時代　木造彩色
像高209.4cm　大宝蔵院安置

宝冠正面に阿弥陀如来像を化仏(けぶつ)として表わし、左手に水瓶(すいびょう)をとる観音菩薩立像。優美な長身で、面長ながらも面相の肉付けは柔らかく、両肘から垂下する天衣(てんね)の先端が前方に翻るなど、飛鳥様式を基調としながらも奥行き方向の表現が明確になされるようになっており、写実様式へ一歩進んだ段階の様式と位置づけられる。同様の天衣の翻りが西院金堂の四天王立像(30・31頁)にもみられることから、それらとほぼ同時期の7世紀中頃の制作と考えて大過ない。樟材製で一部に乾漆(木屎漆〔こくそうるし〕)を盛り上げて整形し、彩色仕上げとする。なお、「百済観音」という通称で呼ばれるようになったのは近代になってからのことであり、本像と古代朝鮮半島の百済との関係を直接示すものではない。しかし、日本の仏像の中でもひときわ長身の優美なプロポーションで、類似する像が少ないことから、その様式の起源を国外に求めた発想も理解できるといえよう。

玉虫厨子　Tamamushinozushi

◆国宝　飛鳥時代　木造漆塗彩色　総高226.6cm　幅136.7cm　奥行119.1cm　大宝蔵院安置

鴟尾（しび）をあげた入母屋造（いりもやづくり）の屋根をもつ宮殿部と、それを支える下部の須弥座および台脚部からなる厨子で、宮殿部の随所に装着された透彫金具の下に当初は玉虫の羽を敷き詰めていたため、玉虫厨子の通称がある。外部は様々な彩色で彩られており、宮殿部扉には甲冑を着けた天部像や菩薩像を表し、須弥座正面は舎利供養図、左側面に施身聞偈（せしんもんげ）図、右側面に捨身飼虎（しゃしんしこ）図、背面に須弥山世界（しゅみせんせかい）図を表す。その他各所に唐草などの装飾文様があしらわれ、数多く取り付けられた透彫金具とあわせて、隙間なく装飾されているといっても過言ではない。

玉虫厨子 須弥座の仏画

Tamamushinozushi Shumiza Butsuga

施身聞偈図（写真上、左側面）

Seshinmonge

捨身飼虎図（写真下、右側面）

Shashinshiko

施身聞偈図・捨身飼虎図ともに釈迦如来の前生の物語を表したもの（本生〔ほんじょう〕図）。施身聞偈図は雪山童子として生まれた釈迦が仏の偈（げ）を聞くために自らの身を羅刹（らせつ）に与える約束をし、それを岩壁に書き留めた後、身を投じるが、羅刹に変身していた帝釈天がその体を受け止めようとしている場面が、一画面に場面の展開を時間を追って描く異時同図法で時計回りに描かれる。また、捨身飼虎図は釈迦が前生に王子として生まれた時、山中で餓死しそうな虎の親子に出会い、虎を救おうと衣服を脱ぎ崖から身を投じて自らの体を喰わせた、という物語を表す。これら彩色は朱漆を多く用い、黄色や群緑色の部分は密陀絵（みつだえ）と言われる油絵の技法で描かれる。長身で不思議な身のこなしを表した人物表現、屈曲線を多用する山岳や岩、樹木の表現、陰影をつけず奥行き感のない表現など、後の絵画作品には見られない特色が多く指摘でき、中国・六朝時代の絵画様式を色濃く反映した、古式の絵画遺品としてその意義は極めて大きい。

伝橘夫人念持仏 Den Tachibanabunin Nenjibutsu

◆国宝　飛鳥時代（白鳳期）銅造鍍金
像高 本尊：34.0cm　左脇侍（右）：28.8cm　右脇侍（左）：28.7cm　大宝蔵院安置

光明（こうみょう）皇后の母として知られる橘三千代（たちばなのみちよ）が身近で拝していたと伝えられる念持仏。阿弥陀如来を中央に、左（向かって右）に観音菩薩、右に勢至菩薩を配す。柔和な子供のような表情は白鳳期の特徴を示すが、微妙な肉付けの抑揚があることや阿弥陀如来の衣が薄物の質感を表現していることなどは、奈良時代に近い頃の制作であることを示唆している。三尊は蓮池を浅く浮き彫りした台盤から生える蓮華上に座り、後ろの三つ折の後屏も蓮池から生じた茎の上に展開するが、これらはいずれも阿弥陀如来の極楽浄土にあるとされる宝池を意識したものであり、その洗練された構想力と卓越した鋳造技法は見事というほかない。

伝橘夫人念持仏　厨子　Den Tachibanabunin Nenjibutsu Zushi

◆国宝　飛鳥時代（白鳳期）木造漆塗彩色　総高268.9cm　幅136.7cm　奥行111.2cm

阿弥陀三尊は天蓋（てんがい）形の屋根を持った厨子内に安置される。天蓋の内外は隙間なく彩色される。龕（がん、本尊を安置するところ）の扉はそれ以外の部分にやや遅れて取り付けられたと考えられるが、如来・菩薩・四天王・金剛力士を線描で表す。また、龕の下部の須弥座には、正面に供養菩薩、側面に供養僧、背面に蓮華化生を彩色するほか、上框（うわかまち）・下框には宝相華唐草（ほうそうげからくさ）を随所にあしらうなど、総体に装飾性が高く、特に龕の扉以外の部分の彩色は精緻かつ伸びやかで、阿弥陀三尊と同様この頃の高揚した造形様式がうかがいしれる。

夢違観音像

Yumechigai Kannon

◆国宝　飛鳥時代（白鳳期）
銅造鍍金　像高86.9cm
大宝蔵院安置

頭飾正面に阿弥陀如来の化仏をあらわした観音菩薩立像。柔和な笑みをたたえたような表情や丸みを帯びた肉付けには立体感が十分に感じられ、腰から下にまとう裳（も）が瓔珞（ようらく）の形を透かしてみせるなど、全体として写実性が高まっているのが特徴。白鳳期でも奈良時代にかなり近い頃の制作と考えて間違いない。「夢違観音」の通称は、悪い夢を見た後に本像に祈願すると良い夢に換えてくれる、とされることからつけられたという。

菩薩像 Bosatsu

◆重文 飛鳥時代 銅造鍍金
像高56.7cm 大宝蔵院安置

西院金堂の釈迦三尊像に近い様式の像で、大振りの宝冠、面長でアルカイックスマイルを表した表情、幾何学的な衣文、左右対称性を重んじた厳格な全体の構成など、ほぼ同様の飛鳥様式を示す。台座まで含めた全体を一鋳とし、内部は鋳造の際に中型を設けていたために空洞となっており、表面には鍍金(ときん)を施す。

六観音像　観音菩薩像(右)　勢至菩薩像(左)

Rokukannon Kannonbosatsu Seishibosatsu

◆重文　飛鳥時代（白鳳期）　木造漆箔　像高 観音菩薩：85.7cm　勢至菩薩：86.0cm　大宝蔵院安置

法隆寺にはこの2体とよく似た像が計6体伝わり、六観音像と呼ばれている。それらは本来一具ではなく、脇侍菩薩像が3組集められたものとみられる。宝冠に化仏を表した観音菩薩と、同じく宝冠に水瓶を表した勢至菩薩以外の当初の尊名はわからない。いずれも面長ながらも目鼻立ちを下方に寄せた子供のような表情、厚手の衣に覆われる部分があるものの、それ以外のところでは肉付けの抑揚を柔らかに表した体軀など、飛鳥様式から写実様式への展開期である白鳳期に位置づけることができる、童形像と呼ばれる様式を示す。

梵天像（右） 帝釈天像（左） Bonten Taishakuten

◆重文 奈良時代 塑造彩色
像高 梵天：110.2cm 帝釈天：109.5cm 大宝蔵院安置

梵天・帝釈天は古代インドの神が仏教の護法神となったもので、通常このような一対として造立される。衣の下には甲冑を着ける。頬が豊かで、なで肩の体は下半身が充実しており、奈良時代後期に中国・唐からもたらされた新たな様式の特色が示される。木に像の形を概略彫った上に粘土で造形する木心塑造（もくしんそぞう）の技法で制作されるが、帝釈天像の沓先の粘土が破損して、木心に刻まれた足指の形が露わになっており、完成後見えない箇所にも丁寧な作業を行っていたことがうかがい知れて興味深い。

聖徳太子七歳像　円快作　Shōtokutaishi Shichisaizō

◆重文　平安時代（治暦5年）　木造彩色　像高57.9cm　大宝蔵院安置

髪を左右に振り分けて角髪（みずら）に結い、袍を着用した貴顕の子供の姿で表される聖徳太子像で、太子7歳の姿とされる。ふっくらとしたおとなしい、いかにも子供らしい面相や、安定感のある全体の構成、美しく整えられた着衣表現など、平安時代後期の洗練された様式が見事である。像内の銘文より、仏師円快が治暦5年（1069）に制作し、絵師秦致貞（はたのむねさだ）が彩色したことがわかる。もとは東院絵殿に安置されていた。

聖徳太子孝養像

Shōtokutaishi Kōyōzō

◆重文　鎌倉時代　絹本著色
額装　縦149.0cm　横59.0cm

用明2年（587）、16歳の聖徳太子が父用明天皇の病気平癒を祈願して香炉を捧げ持ち天皇の病床に侍ったという姿を表したもので、孝養像と呼ばれ、彫刻・絵画を問わず鎌倉時代以降数多く制作された。鮮やかで精緻な賦彩が印象的な本図は絵画の孝養像としては古い部類の作例と考えられる。

金堂西の間 天蓋全景

西院金堂西の間の天蓋（下）と天人像（上）

Saiin Kondō Nishinoma
Tengai Tennin

◆重文　飛鳥時代　木造彩色
天蓋：幅275.0cm 奥行246.0cm
天人：高54.1cm 幅24.8cm

西院金堂内陣の天井からは中の間・東の間・西の間それぞれの本尊の上に大型の屋根形天蓋が吊される。そのうち、中の間・西の間分が古く、図版は西の間分である。天蓋は内外ともに様々な文様が木部に浅浮き彫りや彩色で表され、最下部には珠網がめぐらされる。外側には天人や鳳凰、透かし彫り金具も取り付けられ、総体として装飾性豊かな姿を見せる。制作は金堂の建築と同時期、すなわち天智9年（670）の火災後とみなされていたが、金堂の建築年代を火災より遡らせる説が提出されており、中の間天蓋付属の透かし彫り金具の文様が古様を示すこととあわせて、制作年代は再考の必要があろう。天人像は琵琶や縦笛、横笛などの楽器を奏でる姿で、目鼻立ちが下がった子供のような表情が特徴。飛鳥時代の厳格な様式がすこし柔和で写実的な性格を帯びるようになった時期の様式と位置づけることができる。

十萬節塔 Jūmansetutō

◆重文　奈良時代　木造漆塗　総高70.1cm

十萬節塔は、藤原仲麻呂（恵美押勝〔えみのおしかつ〕）の乱を契機に称徳天皇が天平宝字8年（764）に発願した百万基の小塔、すなわち百萬塔のうち、製作数が十万の節目に達するごとに作られたという木製小塔。百萬塔は大安寺・元興寺・興福寺・薬師寺・東大寺・西大寺・法隆寺・弘福寺・四天王寺・崇福寺の十大寺にそれぞれ十万基ずつ分けられたが、現存するのは法隆寺のみで、今なお数万基が伝えられている。十萬節塔は一基のみ伝えられ、百萬塔が20センチ余りの三重塔であるのに対し、十三重で高さも高い。

若草伽藍の瓦 Wakakusagaran Kawara

飛鳥時代　上：径15.7cm 厚1.8cm
中：径17.0cm 厚2.3cm　下：幅33.4cm 厚5.7cm

若草伽藍は法隆寺境内に位置する寺院跡で、7世紀初めに創建され、『日本書紀』などに記される天智9年（670）に焼失した創建法隆寺跡と考えられる。図版は若草伽藍金堂跡から出土した創建当初の瓦で、上段は単弁八弁軒丸瓦、中段は単弁九弁軒丸瓦、下段は忍冬唐草文軒平瓦である。軒平瓦に文様を表す例は、日本に瓦作りを伝えた朝鮮半島の百済およびこれ以前の日本には知られておらず、若草伽藍創建当初の瓦の特徴である。

金銅香水壺 Kondōkōzuitsubo

◆重文　奈良時代　銅造鍍金
高22.2cm　胴径22.8cm

浄水を入れ仏前に供える壺で、蓋の頂には宝珠形の鈕(つまみ)をつける。大きく張りのあるふくらみを表した身部は底を含めて一鋳とする。永年の燻煙の付着で一見するとわかりにくいが、蓋・身ともに表面には線刻文様があり、蓋には走獣や唐草、身には草花文などを表している。文様の間の地には小さな円文を並べる魚々子(ななこ)を密に表す。さらに全面に鍍金が施される。おおらかな姿や文様表現から、奈良時代の制作と考えられる。

脚の螺鈿部分

黒漆螺鈿卓 Kurourushiradenshoku

◆国宝　平安時代　木造漆塗　総高95.5cm　幅132.9cm　奥行54.5cm

この卓は仏前に供える香炉や華瓶、燭台などを載せるための前卓で、四隅に鷺脚(さぎあし)をつけ、全体に繊細優美な姿が特徴である。天板の側面や格狭間(こうざま)、脚には螺鈿(らでん)で宝相華唐草文や蝶文を表し、華麗な彩りを添える。聖霊院で使用されていたもので、保安2年(1121)の聖霊院創建時の制作と考えられる。

四騎獅子狩文錦

Shikishishikarimonkin

◆国宝　中国・唐時代　錦製
縦250.2cm　横134.5cm

両脚を揃えて駆ける有翼馬に騎乗し、後方から迫る獅子を振り向きざまに射んとする武者を4組大振りの連珠円文内に配置した意匠の錦。パルティアン・ショットと呼ばれる騎馬武者の狩猟のポーズや、髯をたくわえた武者の表情など、様々な面でササン朝ペルシャの狩猟文の影響が指摘できるが、馬の尻には「吉」「山」の漢字が表され、制作地は中国と考えられる。シルクロードの終着点といわれる古代の奈良にふさわしい品である。もとは鮮やかな赤地錦であったと考えられる。

蜀江錦（赤地格子蓮華文錦）

Shokkōkin

◆重文　飛鳥時代（白鳳期）　錦製
縦130.2cm　横62.5cm（額の寸法）

経糸の浮き沈みで地と文様とを織りだした古様な技法の赤地の錦で、蜀江錦（しょっこうきん）の名で呼ばれる。蜀江錦とは中国・三国時代の蜀で生産された緋色の文様錦のことであるが、法隆寺のこの種の錦を蜀江錦と呼ぶようになったのは近世以降であり、かならずしも蜀産を意味するものではない。全面を格子形で区画し、区画毎に中央に蓮華文、その周りに連珠文、四隅にパルメット文を表している。同種の文様は飛鳥時代の白鳳期にみられることが指摘されているが、よく似た文様が中央アジアで見つかっており、その起源をシルクロードに求めることもできよう。

お会式の供物「大山立」

Oeshiki Kumotsu Ōyamatate

お会式は聖徳太子の命日に執り行われる太子の遺徳を賛嘆し供養する法要。その際に供えられるのが「大山立」で、古代の食事に基づいたとされる供物である。種々の食材が古式に則り飾りつけられる。図版は毎年3月22～24日、聖霊院で行われるお会式の「大山立」。

現代へのメッセージ

聖徳太子の理想——「和」の社会づくり

法隆寺 管主
大野 玄妙

はじめに

法隆寺を創建された聖徳太子は、一千四百年余り前の推古元年（五九三）に皇太子になられ、また摂政《せっしょう》に就《つ》かれて政治の総べてを委《ゆだ》ねられました。この当時の我が国は、文化や制度など多くの面で諸外国に立ち後れ、また一握《ひとにぎ》りの権力者の横暴が罷《まか》り通り、古い慣習《かんしゅう》に人々の暮しは翻弄《ほんろう》され、安寧《あんねい》とは程遠《ほどとお》い日常の生活を強《し》いられているのが、殆《ほと》んどであったものと思われます。この様な状況の中、太子は仏教の平等の理念に基づき、総べての人々が平和で安穏な生活を送ることの出来る理想の社会の実現を願われ、自ら実践の生涯を送られたのであります。

仏教による「和の精神」の提唱

太子は推古十二年（六〇四）に『十七条憲法《じゅうしちじょうけんぽう》』を制定されて、その第一条の冒頭で「和《わ》を以《もっ》て貴《とうと》しとす」と示され、総べての人々が仲良くし、共に和合協調の道を歩むべきと説かれて、この日本の国を「和」の社会に変えて行こうとする「和の精神」を提唱されました。この太子の説かれた「和」は、ただ闇雲《やみくも》に和合し協調することを求められたものではなく、正しい真実に照らして節制されたものでなければなりません。そこで『憲法』の第二条では「篤《あつ》く三宝《さんぽう》を敬《うやま》え。三宝とは仏《ぶつ》と法《ほう》と僧《そう》なり。」と述べられて、この節制する対象を三宝、即ち仏教に求められたのであります。そうして第二条は、「其《そ》れ三宝に帰《よ》りまつらずば、何《なに》を以てか枉《まが》れるを直《ただ》さん。」と締《し》め括《くく》られて、枉れるを直すものは仏教であると強調されているのです。

太子がこの『十七条憲法』の構想を練られていた頃は、中国大陸や朝鮮半島のみならず、更に西方の西域や印度に至る多くの国が仏教を信仰しているという状況であり、太子は渡来人や齎《もたら》された書物を通じて、このことをよく認識されていたものと思われます。『憲法』の第二条には、「則《すなわ》ち四生《ししょう》の終帰《よりどころ》、万国《ばんこく》の極宗《おおむね》なり。何《いず》れの世《よ》何れの人か是《こ》の法《ほう》を貴《とうと》ばざらん。」と示されています。この様に、仏教は生あるもの総べて（四生）の帰り処であって、あらゆる国の大本《おおもと》であり、時代を問わず誰もがこの法を貴び、貴ばなければならないものであると説明されています。

三宝への帰依と慈悲社会の実現

こうして太子は、仏教、殊に大乗《だいじょう》の教えに基づく「和」の社会の実現という理想を掲げられたのであります。太子の著わされた『維摩経義疏《ゆいまきょうぎしょ》』には、「夫《そ》れ天下《てんか》の事品《じほん》は羅《しげ》しと雖《いえど》も、要《よう》は悪《あく》を離《はな》れて善《ぜん》を取るに在《あ》り。悪を離れ善を修《しゅ》するは、必ず三宝を以て本《もと》と為《な》す」とあります。太子の思い描かれた社会は、まず悪を止《や》め善を修める善人を世に送り出すことであり、それには三宝を根本とすることが重要でありました。太子のご長男の山背大兄王《やましろのおおえのおう》が、生涯の訓戒とされた「諸悪莫作《しょあくまくさ》(悪事はしない)・諸善奉行《しょぜんぶぎょう》(善行を行う)」という『七仏通戒偈《しちぶつつうかいげ》』からの太子のお言葉によってもよく解ります。

三宝は、覚《さと》りを開かれたお釈迦さまを「仏」、その説かれた教えを「法」、その教えに従って修行する者たちを「僧」とし、世間の宝《たから》に譬《たと》えてそれぞれに「仏宝《ぶっぽう》」・「法宝《ほうぼう》」・「僧宝《そうほう》」と呼び、仏法を求める者は、まずこの三宝に帰依《きえ》することが必要でありました。お釈迦さまの滅後《めつご》、この三宝について様々な考えが起こり、仏・法・僧のそれぞれに帰依する「別体三宝《べったいのさんぼう》」と、それらへの帰依は即ち仏への帰依であるとする「一体三宝《いったいのさんぼう》」

が説かれ、更にまた、仏塔や仏像を「仏」、経典を「法」、経に従い実践する者たちを「僧」とする「住持三宝《じゅうじのさんぼう》」の考えも生まれました。太子は『勝鬘経義疏《しょうまんぎょうぎしょ》』で「一体三宝」を説いておられますが、「住持三宝」の展開が「三宝興隆《さんぼうこうりゅう》」の為に有効な手段であるとされ、この「住持三宝」の整った寺院の建立を推進されたものと考えられます。

また、『勝鬘経義疏』で「善を行うの義《ぎ》は本《も》と帰依に在り。今広《いまひろ》く万行《まんぎょう》の道《みち》を明《あ》かさんと欲《ほっ》す。故《ゆえ》に帰依を以て首《はじめ》と為《な》すなり。」と説明されて、善を行う根本は如来《にょらい》（仏）に帰依をすることにあると説かれています。そして、あらゆる善を修める多くの行《ぎょう》の道、つまり大乗の菩薩《ぼさつ》の道を解き明かそうとするには、三宝即ち如来への帰依がその最初であると示されたのであります。ですから、人々はまず仏に帰依をしなければなりません。太子は人々に善行《ぜんぎょう》（善い行い）を勧め、善人で満たされた慈悲《じひ》の社会、菩薩の国づくりを皆で共に実現して行こうとされたのであります。この太子のご遺志を率先して実行して行かねばならないのが寺院であるということはいうまでもありません。

身・口・意の善行と慈悲の行

また『法華経義疏《ほけきょうぎしょ》』には、悪世《あくせ》（悪い世の中）においての菩薩の四種の行である「四《し》安楽行《あんらくぎょう》」が説かれており、この四種の行について太子は、身《からだ》で行う「身善行《しんのぜんぎょう》」、口で言う「口善行《くのぜんぎょう》」、意《こころ》に思う「意善行《いのぜんぎょう》」、慈悲の心を持つ「慈悲行《じひのぎょう》」を示され、身《しん》と口《く》と意《い》の三種の善行は自己を正す「自行《じぎょう》」、「慈悲行」は他を教化《きょうけ》し正す「外化行《げけのぎょう》」と分類されています。更に同『義疏』において、「菩薩の道は、将《まさ》に他を正さんと欲《ほっ》するに、先《ま》づ己《おの》が身を正しうす。己《おのれ》を正しうするの要《よう》は、三行《さんのぎょう》（身と口と意）に如《し》くは莫《な》し。他を正しうするの要は慈悲を本と為す。」と説明され、まず自己を律してこそ他を教化することが出来、他を教化し正すには慈悲を根本としなければならないとされています。菩薩の道は人々を教化することにその目的があり、如何《いか》なる時や場においてもその想いは不変であり、それは最も尊い菩薩の慈悲の行であります。

大乗仏教で十の悪い行いを「十悪《じゅうあく》」といいますが、その「十悪」を行わないことを「十善《じゅうぜん》」といい、「十善」を守ることを『十善戒《かい》』・『十善法戒《ぼうかい》』として、菩薩の守るべき重要な「菩薩戒」の一つであるとされています。この「十善」は、身《からだ》で行わない三つと、口で言わない四つと、意《こころ》に思わない三つを合わせた十の戒めのことで、太子の説明された身と口と意の善行、菩薩の「自行」に当たります。身の三つとは「不殺生《ふせっしょう》」（殺さない）・「不偸盗《ふちゅうとう》」（盗まない）・「不邪婬《ふじゃいん》」（婬《みだ》らな行為をしない）で、口の四つは「不妄語《ふもうご》」（嘘《うそ》をつかない）・「不悪口《ふあっく》」（罵《ののし》らない）・「不両舌《ふりょうぜつ》」（二枚舌を使わない）・「不《ふ》綺語《きご》」（真実に背いた飾り言葉を用いない）で、意の三つは「不貪《ふとん》」（貪《むさぼ》らない）・「不瞋《ふしん》」（怒《いか》らない）・「不邪見《ふじゃけん》」（愚かなことから誤った見解を持たない）とであります。

また太子は『法華経義疏』において、「五戒《ごかい》は人身《にんしん》を得《う》、十善は天身《てんしん》を得《う》と云《い》う。」と述べておられ、古くから在家信者《ざいけしんじゃ》の守るべき「五戒」（不殺生・不偸盗・不邪婬・不妄語・不飲酒《おんじゅ》）を守った者は、後生《ごしょう》において人の身を得、「十善」を守った者は天の身を得ることが出来るとされています。また、「十善」を修めた者がその功徳《くどく》により、帝王の位《くらい》に就《つ》くことも出来るという考え方から、帝王のことを「十善の位《い》」・「十善の君《きみ》」・「十善の主《しゅ》」などと称され、その帝王の治める国は「十善の国」といわれています。こうした「十善の君」によって統治される「十善の国」の理想は、太子の理想でもあり古代の我が国の目標でもありました。

四摂法と捨身の菩薩行

『維摩経』の「菩薩行品《ぼさつぎょうぼん》」では、「四摂《ししょう》の法に於《お》いて常に念じて順行《じゅんぎょう》し、正法《しょうぼう》を護《ご》持《じ》するに軀命《くめい》を惜《お》しまず。」と説かれています。「四摂法《ししょうぼう》」とは、菩薩が衆生《しゅじょう》と接する時、「布施《ふせ》」・「愛語《あいご》」・「利行《りぎょう》」・「同事《どうじ》」の四種の在り方で接することを示したもので、「四摂事《ししょうじ》」ともいいます。「布施」とは他に施《ほどこ》しをすることで、これには財物などを与える「財施《ざいせ》」と、法の真理《しんり》を説き与える「法施《ほっせ》」、恐怖心を取り除き安心を与える「無《む》畏施《いせ》」の三種があり、これを「三施《さんせ》」といいます。そして「愛語」とは「和顔愛語《わげんあいご》」といわれる様に、いつも和《やわ》らかな笑顔で優しい言葉で接することで、「利行」とは、常に他の利益を考え与えることです。さらに「同事」とは、相手と同じ立場に自分の身を置き、共に行動する中で教化し導いて行くものです。つまり、菩薩とは法の為に決して身命を惜しむものではないのであります。

『勝鬘経』においては、「身《しん》と命《みょう》と財《ざい》とを捨てて正法を護持せん。」と説かれ、『勝鬘経』を説かれた勝鬘夫人は、身と命と財を捨てて正法を護ることを誓われたのです。『大智《だいち》度論《どろん》』では、布施を説明する中で、財物等の布施以外の菩薩の施しとして「身命を惜しまずして、諸《もろもろ》の衆生に施すなり。」とあり、また『大丈夫論《だいじょうぶろん》』には、「菩薩は一切種智《しゅち》（さとりの智恵）の為の故《ゆえ》に、大悲心《だいひしん》をもって衆生の為の故に…（中略）…菩薩の命《いのち》を施す所以《ゆえん》は他《た》の命を護《まも》らんが為の故なり。何を以ての故に、他の命は即ち是《こ》れ我が命なればなり。」とあります。菩薩は衆生（人々）を救う為に自分の命をも省《かえり》みないもので、その理由《わけ》は他の者の命は自分の命であるからであると説明しています。

利他の慈悲社会

法隆寺に伝えられている国宝「玉虫厨子《たまむしのずし》」に画《えが》かれている「捨身飼虎図《しゃしんしこず》」と「施身《せしん》聞偈図《もんげず》」は、お釈迦さまの『本生譚《ほんじょうだん》』を本としたものですが、共に菩薩としての「捨身《しゃしん》行《ぎょう》」が主題となっています。この厨子は、およそ七世紀中頃の作と見られ、この頃の我が国では、菩薩の「捨身行」はよく理解されていた思想の一つであったと考えられています。また、皇極二年（六四三）に斑鳩宮《いかるがのみや》の山背大兄王が、蘇我入鹿《そがのいるか》によって焼き打ちされました。がその時、山背大兄王は「豈其《あにそ》れ戦いに勝ちて後に、方《まさ》に丈夫《ますらお》と言わんや。夫《そ》れ身を損《す》てて国を固《かた》めば、亦《また》丈夫にあらずや。」と述べて、人々の苦しむ戦を避けて自害されたのもこの様な思想と繋がるものと思われます。

　誰に対しても優しく思いやりのある人生は菩薩の道です。人々への労《いたわ》りの気持ち、皆の利益を考え、何日如何《いついか》なる場合でもその心を保ち続け、お互いにその心を信じ合う。そういう社会が太子の理想社会であり、正にそれは大乗慈悲《だいじょうじひ》の国であります。太子の「世間虚仮《せけんこけ》・唯仏是真《ゆいぶつぜしん》」というお言葉は、嘘《うそ》・偽《いつわ》りの多く乱れたこの社会を、なんとしても慈悲の心で満たされた菩薩の住む仏国土《ぶっこくど》にしたい、という太子の心からの願いであると、私は信じております。多くの善人が住み、利他《りた》の行と慈悲の心で満ちた菩薩達の「和」の社会こそ、この世の浄土でありましょう。

むすび

混迷し続ける現代社会においては、一人でも多くの善人を育み、慈悲の心を養う努力を共に行い、総べての人々の平和と安寧を求める太子の「和の精神」に学ぶべきではないでしょうか。今日の様な人の和が忘れられつつある時代であるからこそ、太子に立ち返り、太子に学ぶことで、新たな光明《こうみょう》を見出すことが出来るのではないかと思います。そしてこの様な努力の中に、人としての在り方を取り戻し、それが世の浄化を促進し、正常な社会を望むことが出来ると同時に、菩薩の道に繋がるものでもあると信じております。

法隆寺の歴史

京都女子大学教授　綾村　宏

大和盆地南西部、大和川と富雄《とみお》川が合流し、さらにそれに竜田《たつた》川が流れ込む地点の北方に広がり、矢田丘陵を背にする斑鳩の地に、整然としながらもゆったりとした佇まいの法隆寺の伽藍がある。その境内の堂塔は、その多くに七世紀末から八世紀の建物が遺り、現存最古の木造建造物として、平成五年（一九九三）に「法隆寺地域の仏教建造物」としてユネスコの世界遺産条約に登録された。現在は法相宗《ほっそうしゅう》から独立し、昭和二十五年（一九五〇）に立宗された聖徳宗の総本山である。

法隆寺の境内は、大きく西院と東院の二つの伽藍からなる。南大門をくぐって、左方西側に地蔵院・西園院、右方東側に宝光院・弥勒院と子院が並んでいる参道を歩むと正面に中門が建ち、中門にとりつく回廊に取り囲まれて金堂と五重塔が立ち並んでいる。中門の前で右に折れ、東大門を通り抜け、左右に子院が立ち並ぶ参道を進むと夢殿でしられる東院伽藍に至る。

法隆寺の創建

奈良時代の天平十九年（七四七）に作成された『法隆寺伽藍縁起并《ならびに》流記《るき》資財帳』（以下『法隆寺資財帳』）には、建立の縁起とともに当時の仏像、経巻、法具、雑物、堂塔、寺地、所領の状況が記されている。それには四方各一百丈（約三百メートル）の寺地に、堂塔としては、門五口（仏門二、僧門三）、塔一基五重、堂二口（金堂、食堂）、楼二口、僧房四口、そのほか燈、廡廊（回廊）、温室、大衆院、倉などの建物が記載されている。なお、『法隆寺資財帳』は、現在江戸時代の寛政頃の書写本しか伝わっていないが、その内容は天平当時の状況を示すものであるとされている。その『法隆寺資財帳』記載の建物が、基本的に現在目の当たりにする西院伽藍の堂塔である。

それではこの西院伽藍の建物は、何時建立されたのであろうか。また、この『法隆寺資財帳』には何故東院のことについての記載がないのであろうか。

『法隆寺資財帳』の縁起の部分には、推古天皇十五年（六〇七）に推古天皇と聖徳太子が、用明天皇のために法隆学問寺や四天王寺・中宮尼寺など八箇寺を造営したとみえる。ところで現在金堂東の間に安置されている薬師如来像の光背銘《こうはいめい》によれば、用明天皇が病気平癒を願って寺院の建立と薬師如来像の造立を発願したが果たせず、推古天皇と聖徳太子に託して亡くなったため、二人はその願いを推古天皇十五年に実現したとある。この銘文自体は用語などからみて七世紀後半のものとされるが、内容は法隆寺創建の経緯を物語るものといえよう。また金堂の本尊である釈迦三尊像にも銘文がある。それには、聖徳太子とその后の病気平癒を祈願し、王后王子諸臣が太子等身の釈迦如来像の造立を発願し、太子と后の没後の癸未年（推古天皇三十一年）に完成させた、とみえる。また作者は鞍首止利《くらつくりのおびととり》とある。こちらの銘文は当初のものとされる。それでは、これらの仏像が安置されていた寺院の堂舎はどこにあたるのであろう。それより以前、斑鳩の地には、推古天皇九年に聖徳太子によって斑鳩宮が造営されている。聖徳太子は、この宮で推古天皇三十年に没し、その宮を継承した子山背大兄王《やましろのおおえのおう》は皇極天皇二年（六四三）に蘇我入鹿《そがのいるか》に攻められ自経し、宮も焼失した。

　ところで法隆寺の東院については『法隆寺東院縁起』がその創建を物語っている。すなわちそこには、「大僧都法師行信、斯の荒墟を観て、流涕感歎し、遂に以て春宮坊に奏聞す。天平十一年歳次己卯夏四月十日を以て、即ち河内山贈太政大臣をして此の院を敬造せしむ。則ち八角円堂に太子在世に所造するところの御影救世観音像を安置す。」とあり、僧行信《ぎょうしん》による阿倍内親王の春宮坊《とうぐうぼう》への奏上をうけて、天平十一年（七三九）に上宮王院《じょうぐうおういん》が造営されたことが記されている。行信が、その荒廃を歎いた場所は斑鳩宮の故地であり、聖徳太子を思慕する行信の奏上によって、八角円堂が建てられ、そこに太子在世のとき造った救世《くせ》観音像を安置する上宮王院、すなわち東院が造営されたのである。なお東院地区では、斑鳩宮関連と考えられる建造物群の地下遺構も検出され、斑鳩宮焼失のときのものと思われる焼土の痕跡も確認されている。

　法隆寺は寺伝では、聖徳太子によって創建された建物が現在にまでなお連綿と存在しているとされる。しかし『日本書紀』の天智天皇九年（六七〇）四月癸卯朔壬申条に「夜半の後に法隆寺災けり。一屋も余ること無し。大雨降り、雷震る。」と法隆寺が全焼した記事がある。そのため現在の法隆寺西院伽藍の建物について、その火災の後に再建されたとの説がある。

　すなわち法隆寺自らが作成した『法隆寺資財帳』には、火災の記載はみえないのである。全焼のような事件が起こったならば、当然の如く記載されるはずであろうというのが非再建説の主張である。

　そこで西院伽藍の建物については、様式や尺度から主張された非再建説、正史である『日本書紀』

の記載を重視する立場からの再建説が対立し、明治以降、今日まで文献史学、建築史、美術史などさまざまな分野の研究者が、整合性のある結論を求めて論争が展開された。

ところで南大門の東方、普門院の裏に大きな塔の心礎があることは知られていた。それについて寺内では若草という伽藍があったと言い伝えられてきた。その心礎は明治時代に寺外に持ち出され、その後何カ所か移動した後に、それが神戸市の野村徳七邸にあることがわかったときに法隆寺に返還されることになった。昭和十四年（一九三九）のことである。その返還にあたって若草地域の発掘調査が行われ、その結果基壇造成のための掘込地業である版築《はんちく》の痕跡が確認された。心礎のあったところに塔基壇（方十五・八五メートル）を、その北方に金堂基壇（桁行約二十二メートル、梁間約十九メートル）を検出したのである。この遺構の配置は、金堂と塔が一直線上にある四天王寺式伽藍配置であり、中軸線は斑鳩宮跡と同様に北に向かって約二十度西に偏していた。この角度は、条里制の方向とほぼ中軸線が一致する西院伽藍とは、約十六度異なっている。なお、遺物では若草伽藍の出土瓦は西院伽藍出土瓦より古い形式であることは判明したが、そのときには焼土や焼痕は発見されなかった。昭和四十三〜四十四年には文化庁による遺構の再調査が行われたが、そのときも焼痕は発見できなかった。しかし平成十六年度の斑鳩町教育委員会による南大門前の発掘調査で、ついに焼痕のある瓦の出土をみ、若草伽藍が火災にあったことが確実と考えられるようになった。なおこのときの調査では、若草伽藍の西限を画すると想定される幅広い南北溝の確認もあった。

法隆寺の創建については、厖大な研究の蓄積があり、さらに今後の調査研究の進展にともなってより詳細に見解が煮詰まってこようが、ひとまずここで取りまとめておこう。

先ず斑鳩宮が造営され、それに隣接して斑鳩寺がつくられた。この斑鳩寺が若草伽藍にあたろう。斑鳩宮は、皇極天皇二年（六四三）に焼失した。若草伽藍（斑鳩寺）は、天智天皇九年（六七〇）に全焼した。それを『日本書紀』は「法隆寺災す。」と記す。そこで現在の法隆寺西院伽藍が、条里と軸線を合わして、斑鳩寺の再建として建てられたと考えられよう。

しかし新たな分野の調査研究成果で、次のことが指摘されている。各年の気候の違いは樹木の成長に影響を与え、年ごとの年輪の幅の差違が生じるが、その年輪幅の測定値を折れ線グラフ化して標準パターンを作成する。それをふまえて遺存木材の年輪幅を測定し、その数値を標準パターンと照合して遺存木材の年代を判定する年輪年代測定法の確立により、遺存木材の伐採年代を判定することが可能になった。それによると金堂外陣の天井板のうち一枚が天智天皇七～八年（六六八～六九）、五重塔の二重北西隅の雲肘木が天武天皇二年（六七三）・二重の垂木が天智天皇二年（六六三）と伐採年代が推定されている。また中門の大斗《だいと》は天武天皇十四年（六八五）を上限とするとされる。このように西院伽藍の主要建物は、概ね天智天皇九年の火災の後に建てられたするのが妥当なデータを示している。しかし、ただ五重塔の心柱のみが推古天皇二年（五九四）というかなり古い伐採年代を示している。今後、五重塔の心柱という特殊性によるものか否かなど、いかにして整合性のある解釈が出来るかということが求められているのである。なお『法隆寺資財帳』によって、中門の金剛力士像は和銅四年（七一一）の造立とわかり、五重塔初層内部の塑像群もこのときの造立とみえる。少なくとも和銅四年には主要建物は概ねできていたであろうと考えられる。

東院内の斑鳩宮跡と若草伽藍跡の発掘調査によって、焼痕が確認された。すなわち創建以来の宮、そして若草伽藍（斑鳩寺）も焼け、その後に法隆寺として寺が再建され、それが現在に遺存したとするのが妥当であろう。現在の法隆寺が、天智天皇九年に若草伽藍が全焼した後、その代わりとしてか、また若草伽藍が存在していたときにすでに建設にかかっていたかは確定はできないが、このような経緯で西院伽藍が建設されたことになろう。『法隆寺資財帳』に記載されている法隆寺の様相は、その当時の西院伽藍のものであった。そしてさらに斑鳩宮の故地に東院伽藍が造営されたのである。その造営の過程からみても、法隆寺は奈良時代には、聖徳太子に対する信仰を東院の存在で表現しつつも、官の寺という性格も強かったことがわかる。

官の大寺から聖徳太子信仰と庶民信仰の寺へ

平安時代になり都が京都に遷ってからも、法隆寺は、延暦十七年（七九八）に東大寺・西大寺・興福寺・四天王寺などとともに十大寺の一つに数えられ、官の大寺として朝廷の尊崇する寺であった。ところで延長三年（九二五）には講堂が焼失した。講堂の再建にはかなり時間がかかり、正暦元年（九九〇）になって完成している。講堂焼失のときに鐘楼も焼失したようで、あわせて再建されている。

東院については、平安時代の初め、貞観元年（八五九）僧道詮《どうせん》が上宮王院の修理を奏上し、修復を行ったとみえる。七町四段の田地を施入し、太子の忌日料と堂舎の修理料に宛てることが認められたのである。法隆寺東院は、縁起も『東院縁起』が別にあるように、また『法隆寺資財帳』に東院関係の記載がないことからも、本来は独立した寺院であったことがわかる。しかし平安時代末、永久四年（一一一六）西院と上宮王院の間で相論が起こり、院主隆厳が解任され、上宮王院は法隆寺別当の支配下に入って、一体化したのである。

平安時代後期で重要なことは、保安三年（一一二二）の聖徳太子五百年忌前後における太子信仰の高揚に伴う事業の盛行であろう。すなわち聖徳太子絵伝の制作、聖徳太子像の造作、聖徳太子を祀る聖霊院《しょうりょういん》の設置などの事業は聖徳太子への信仰の高まりを示している。聖徳太子絵伝は、治暦五年（一〇六九）に秦致真（貞）が東院絵殿の壁面に描いたとされ、東院相殿の聖霊会の本尊である聖徳太子像も同時に造立されている。ともに十世紀成立の『聖徳太子伝暦《でんりゃく》』の内容に拠っている。また保安二年（一一二一）には当初僧房であった東室の南半が聖霊院とされ、聖徳太子像と侍者像が造られ、本尊とされた。さらにこれを契機に、僧林幸勧進状によれば、僧勝賢がはじめた一切経の勧進書写を林幸が引き継ぎ、新造の聖霊院に安置するために完成させている。なお西室の方は、承暦年中（一〇七七～八一）に焼失したが、鎌倉時代に入っての寛喜三年（一二三一）に再建された。南北十九間の長い建物である西室の南七間を三経院とし、北十二間が西室となった。三経院は、聖徳太子ゆかりの法華・勝鬘・維摩三経の講経をする道場として別の場所に造られたもので、西室の南半に移されてきたのである。伽藍の周辺に次第に子院が造られるようになり、僧侶の住居もそちらに移るにつれて、もとの僧房の変質が起ったのである。

その頃、さらに寺観に大きな変化があった。それは、南大門の移転である。創建当初の南大門は、中門前の手水屋のある付近の石段のところに建っていたと思われる。石段下には、東大門と西大門を結ぶ道があり、それに沿って築垣があったが、華苑院・西園院などの子院が築垣の南方に造られるようになると、それを取り込むために、南大門が南の現位置に移転されたと考えられている。なお現在の南大門は室町時代の再建（永享七年〔一四三五〕焼失、十年再建）である。また西大門が長元八年（一〇三五）から長暦三年（一〇三九）の間に造立されたとみえ、また東大門の移建（もとは食堂前の築地にあった南に開く門であった）とあわせて、当時、寺域の拡大が行われたことがしられる。

平氏の南都焼き討ちの影響を受けなかった法隆寺は、鎌倉時代になると、聖徳太子信仰の寺としての特色をさらに強めていく。寺内では、聖徳太子の伝記に関する研究が深化する。その代表的存在は顕真で、『聖徳太子伝私記』一巻を著し、聖皇曼荼羅《しょうこうまんだら》を造り、太子信仰の振興に努めた。彼は、また弘長元年（一二六一）後嵯峨上皇の行幸が行われたとき、諸堂の先達を勤めている。

鎌倉時代はまた、寺内で数多くの修理が行われた時期でもある。十三世紀前半は、東院での修理が主体であった。舎利殿が承久元年（一二一九）、礼堂が寛喜三年（一二三一）、回廊が嘉禎二年（一二三六）に修理が行われている。また夢殿も寛喜二年に大改造が行われており、東院の様相が一変した時期である。さらに後半になると西院でも、西円堂《さいえんどう》が建長二年（一二五〇）に、上御堂《かみのみどう》が文保二年（一三一八）に再建され、三経院が文永五年（一二六八）、聖霊院が弘安七年（一二八四）に再造されている。西院においては、金堂・塔・講堂・経蔵・東西南大門などほぼすべての堂宇に修理が及んでおり、境内の整備、堂舎の修造が盛んに行われたことがしられる。

現在の法隆寺は、ほぼこの時期のものを受け継いで伝えているといってよかろう。

なお南北朝期から室町期にかけて造営された建造物は、南大門・大湯屋《おおゆや》などがある。それに関しては多く残存する棟札《むなふだ》・棟木銘、瓦の刻銘などによって明らかになることが多いが、とくに瓦大工橘吉重、橘国重、寿王三郎などが瓦に篦書を残し、瓦制作に関わる多くの資料を提供している。

法隆寺はまた、庶民の信仰の対象としての側面をもつようになる。寺域の西端にある西円堂は、十四世紀頃から、本尊の薬師如来への信仰が盛んになった。詣でる人々は、男性は武器を、女性は鏡を奉納するのが習わしとなり、現在数多くの奉納品が堂内に遺っている。

ところで法隆寺の経済的基盤は、官寺であった時は封戸《ふこ》、中世にあっては荘園《しょうえん》であった。『法隆寺資財帳』には、食封《じきふ》三百烟と播磨国佐西の土地五十万代の施入とあり、その播磨国の土地が、天平十九年（七四七）段階で田二百十九町余になっている。その田地が荘園となり、中世の法隆寺を支える法隆寺領鵤荘（兵庫県太子町）となる。鎌倉時代には三百六十町の面積があった。ところが豊臣秀吉の太閤検地により寺領は千石に定められ、江戸時代にもその額は引き継がれた。それでも慶長年間（一五九六〜一六一五）と、元禄五年（一六九二）から宝永四年（一七〇七）の頃に、寺内各所で大修理が行われている。元禄の修理については、「年会中間日次記録（元禄九年）」に修理済み建造物と未修理分が分けて記載され、当時の修理の状況が判明する。慶長の時は、豊臣秀頼が修理を行い、片桐且元《かたぎりかつもと》が奉行として活動した。また元禄の時は、徳川幕府に修理を願い出、桂昌院などの尽力があった。ときの為政者による法隆寺の堂舎維持への尽力がしられる。しかしそれでも修理費用捻出のために、出開帳《でがいちょう》がしばしば行われている。江戸時代の寺僧の活動としては、良訓による精力的な史料の整理・修復があげられよう。彼は『古今一陽集』という寺誌を著作として遺している。

近現代の法隆寺

明治時代になると、寺院は明治政府の神仏分離の政策により、大きな痛手を蒙ることになる。仏教の宗派は、天台・真言・浄土・真宗・禅・日蓮・時宗の七宗に統合された。その結果、南都の各宗派の寺院はそれまで標榜していた宗派を名乗ることが出来なくなった。法隆寺は、薬師寺・唐招提寺・西大寺とともに真言宗に所属したが（興福寺は一時廃寺、明治十五年再興）、明治十五年（一八八二）に興福寺とともに離脱して、法相宗を復活した。法相宗には同十九年に薬師寺も加わる。その間、法隆寺住職であったのが千早定朝《ちはやじょうちょう》であり、彼の法隆寺の維持のための活動が特筆される。

なお明治時代で忘れてはならないのは、十年代に九鬼隆一《くきりゅういち》や岡倉天心らによって行われた古社寺の宝物調べである。それにともなって法隆寺では明治十七年（一八八四）に夢殿本尊の開扉が行われた。秘仏として何人も拝することがなかった救世観音像を、フェノロサとともに拝観して天心はその美に打たれている。このように法隆寺は日本の美の再発見の場所でもあった。同二十九年には九鬼らが中心になって古社寺保存会がつくられ、翌年には古社寺保存法が制定され、第一回の文化財指定が行われた。その時、建築では金堂・五重塔・中門・夢殿が特別保護建造物に、釈迦三尊・薬師如来・救世観音などが国宝に指定されている。また明治八年、東大寺大仏殿回廊において博覧会が開かれ、法隆寺から出品されたものは、その後皇室に献納された。現在は東京国立博物館法隆寺宝物館蔵品になっている。その時の御下賜金や百萬塔の引き替えの寄付金によってやっと、明治時代は堂舎の修復が可能になった。

今一つ文化財保護の上で忘れてはならない事件がある。昭和二十四年（一九四九）、金堂壁画の模写作業中の失火で、金堂下層内部と壁画を焼失してしまった。それを機会に文化財保存に対する国としての取り組みの必要性から、文化財保護法が翌年五月に制定され、文化財保護を担当する行政機関として文化財保護委員会（現文化庁文化財部）が設置されることになった。

近年、法隆寺では、奈良時代に資財帳がつくられたように、昭和における文化財台帳を作成するために各分野毎に目録と写真図版を収録した法隆寺昭和資財帳と称される『法隆寺の至宝』が編纂された。また伽藍の一部であり、また展示施設である百済観音堂が平成十年につくられている。

法隆寺は、建造物、仏像、工芸品などに日本最古を誇る文化財が多く伝えられていることは周くしられている。寺内の景観も、時代時代に対応しての変化はあるとはいえ、基本的には奈良時代の伽藍をいまに伝えている。それは日頃の寺内僧侶の営みと絶え間ない修復の作業の中でこそ実現した事柄であろう。しかしながら元和八年（一六二二）に金光院・律学院が焼亡し、さらには享保十二年（一七二七）、多くの書物を蔵していた勧学院が焼失するという事件もある。そのため書跡関係の資料は、古い歴史を誇る寺院にかかわらず、厖大という程までの量はないといえよう。しかしそれでもまだまだ未紹介の史料が多く存在する。その整理をうけて、今後創建時のことだけではなく、その古来の様相がいまに伝えられてきたという歴史の究明が進むであろう。

仏教伝来

古代の文明開化——

京都市美術館館長　村井康彦

法隆寺という名称は、その前の法興寺ともども、早い時期に仏法を受けとめその興隆を願った人びとの無垢な思いをそのままに示したものであり、この寺名に限り、のちの時代に用いられることはないだろう——長い間そんなふうに思い込んで来たが、地名事典で調べたら、同じ名の寺が両寺ともいくつかあって、この思いはあえなく崩れ去ってしまった…。それはともかく、両寺の建立はわが国に仏教が伝えられてから五、六十年ほどのちのことであるが、その半世紀の間に日本人の仏教理解が確実に進んでいたことを示している。

もっともこうした見方に対しては、当時仏教の教理を理解していたといえるのは聖徳太子くらいのものであって、過大評価である、といった反論が出されるに違いない。その論拠として必ず持ち出されて来たのが、いわゆる仏教公伝の際に見られた以下のような「場面」である。

『日本書紀』欽明天皇十三年（五五二）十月条に、百済《くだら》の聖明王《せいめいおう》が使者をわが国に遣わして「釈迦《しゃか》仏《ほとけ》の金銅像《かねのみかた》一軀《ひとはしら》、幡蓋《はたきぬがさ》若干《そこら》、経論《きょうろん》若干巻《そこらのまき》」を献上、別に国書で仏の功徳を讃え、これを東方

（＝日本）へ伝えたいとの気持を述べていた。そこで天皇は大いによろこび、「朕《われ》、昔より来《このかた》、未《いま》だ曾《かつ》て、是《かく》の如き微妙《くは》しき法《のり》を聞くこと得《え》ず、然《しか》れども朕《われ》、自《みづか》ら決《さだ》むまじ」といい、群臣《まへつきみたち》に「西蕃《にしのとなりのくに》の献れる仏の相貌《かほ》端厳《きらぎら》し、全《もは》ら未だ曾て有《あ》らず、礼《ゐやま》ふべきや不《いな》や」と尋ねている。これをきっかけに群臣たちが崇仏と排仏の両派に分れることは周知の通りである。

この「場面」を通してこれまで語られて来たのは、百済から伝えられたのは「仏像・経論・荘厳具」であったこと、そこでの仏教の受けとめ方は天皇の反応によく示されているように、仏像の端厳さに心を奪われたのであって、形というかモノに触発された皮相的なものであり、とても教理まで理解していたとは考えがたい、というものであった。しかしこの見方にはにわかに従いがたい。だいいち仏像の美しさに惹かれることが教理の理解を妨げる要因になったとは思えないし、はじめて接した宗教を瞬時に理解するよう求める方が無理難題というものである。にも拘わらずこの種の考え方が根強く存在する理由は、この「場面」に「僧」の姿が見当らないことにある。教理を説くものがいなければ外形から受けとめただけだったろう、となるのは理の当然であった。

しかしそれも違うのではないか。僧はいたとみるべきではないか。たしかに『日本書紀』には僧についての記載がないが、事の性質上、僧がいて仏の功徳を説き、経典の内容を説明することがなければ、仏教を伝えたことにならないであろう。仏教公伝の「場」に僧は必ずいたはずである。

それが証拠には、『上宮聖徳法王帝説《じょうぐうしょうとくほうおうていせつ》』にはこの時献上されたものとして「仏像・経教并びに僧ら」をあげ、僧がいたことを記している。もっとも『上宮聖徳法王帝説』は『元興寺縁起』とともに、いわゆる仏教公伝の年次を五三八年とする論拠となっており、『日本書紀』の五五二年と異なる立場にあるが、百済の聖明王がわが国の朝廷に仏教を伝えたという公伝の「事実」そのものにかわりはない。そのなかに「僧ら」とあるからには仏教を伝えるべき役割をになう複数の僧侶がたしかに派遣されていたのである。

公伝の場には僧侶集団がいた。しかもかれらの役割はその時だけで終ったのでもなかった。百済の使者（役人）たち一行が任務を終えて帰国したのちも僧たちはそのまま日本に留まり、仏法の教説を続けていたと思われるからである。

『日本書紀』によれば、公伝の翌年（欽明天皇十四年・五五三）六月、勅命により百済に派遣されることになった内臣《うちつおみ》某（「名を欠く」とある）が、本務とは別に次のようなことを仰せつかっている。

［A］

医博士、暦博士らは「番によりて」上下することになっているが、右の人たちはちょうど交代の年月に当っている。百済から帰国の際、わが国に交代者を同道するように。あわせて卜書《ぼくしょ》・暦書や種々の薬物を送ってもらうよう要請せよ。

と。これによれば、これ以前から医博士などの専門家が年数を限り日本に招かれていたことが知られる。そこで百済は、この時の日本側の要請に従い、翌十五年二月、次のような人びとの派遣を決めている。

［B］

五経博士《ごきょうはかせ》　固徳馬丁安《ことくめちょうあん》にかわり、王柳貴《おうりゅうき》を派遣

僧　道深《どうじん》ら七人にかわり、曇慧《どんえ》ら九人を派遣

別勅により、

易博士　施徳王道良《せとくおうどうりょう》

暦博士　固徳王保孫《ことくおうほうそん》

医博士　奈率王《なそちおう》有陵陀《うりょうだ》

採薬師　施徳潘量豊《はんりょうぶ》・固徳丁有陀《ちょううだ》

楽人　施徳三斤《さんこん》・季徳己麻次《きとくこまし》・季徳進奴《しんぬ》・対徳進陀《たいとくしんだ》

を派遣

この記事が注目されるのは（先の『上宮聖徳法王帝説』の記事は別として）、ここではじめて「僧」が出てくるというだけでなく、これに従えば道深ら七人の僧がこれ以前から「番」（交代）方式で来朝していたことが知られる点にある。この場合僧たちの「番」（日本での滞在期間）の年数は不詳だが、当然のことながら来朝が公伝の年以前に遡ることはありえないから、二カ年であったことになる。とすれば道深ら七人の僧たちが来朝したのは、まさしく公伝の年だったことになろう。結論を急ぐならわたくしは、この道深ら七人こそ『上宮聖徳法王帝説』にいう「僧ら」のことであり、公伝の際、仏像・経典や荘厳具などを携えて来朝し、あの「場面」に姿をあらわしたあと

も日本に留まり、仏法を日本人に説き続けていたと考えられよう。それが時期が来て、この年曇慧ら九人と交代したのである。その前年の［A］の記事に僧が出て来ない理由である。［B］によれば他の専門家に比し僧侶の数が飛び抜けて多かったことも留意されよう。

　このようにみて来ると、いわゆる仏法公伝は、当初少なくとも七人の百済僧集団を通して進められたのであって、仏像・経典・荘厳具だけが宮廷に持ち込まれたというものではなかったのである。公伝の年次についてはいくつかの説があるが、右に見たような事実の連続性を考えると、わたくしには五三八年説よりも五五二年説の方に魅力がある。なお時期は六世紀後半に下るが欽明天皇の次の敏達天皇六年（五七七）十一月、百済王は日本へ帰国する使者・大別王らに付けて、経論若干巻の他、律師・禅師・比丘尼・呪禁師《じゅごんし》・造仏工・造寺工の六人を献っている。大別王が難波に建立する寺に安置するためであったというから（大別王といい難波の寺というも未詳だが）、ここでは寺を造り、維持して行くための必要な人材がセットで提供されているわけだ。十年後の崇峻《すしゅん》天皇元年（五八八）、蘇我氏が法興寺を造立する際には、百済から寺工太良未太《だらみだ》・文賈《もんけ》古子、鑪《ろ》盤《ばん》博士将徳白昧淳《しょうとくはくまいじゅん》、瓦博士麻奈文奴《まなもんぬ》・陽貴文《ようくいもん》・㥄《りょう》貴文・昔麻帝弥《しゃくまたいみ》、画工白加《びゃくが》が献上されたことが想起されるが、これは蘇我氏の権力を背景に、当時における最高の技術（者）が投入されたものであろう。公伝からほぼ半世紀、仏教受容は寺づくりという形で展開しはじめていたことを知る。

　年数を限って招聘された学問・芸術や技術の専門家といえばすぐに連想されるのは、明治初期、欧米各国から招かれた多数の外国人専門家たち、いわゆる「お雇《やと》い外国人」のことであろう。近代化を至上命令とし、短期間にそれを実現するために欧米諸国より各界の専門家を招聘し、西洋の学問や技術の導入を図ったもので、明治三年（一八七〇）「外国人雇入方心得」を公布、同五年には「外国・教師雇入条約規則」を布達するなど、受け入れの条件づくりに当っている。受け入れの盛期は明治三年から同二十年（一八八七）前後までで、それ以後衰退期に入り、明治三十年（一八九七）前後に事実上歴史的意義を失ったとされる。

その間招かれた外国人の数についても正確には分っていないが、明治期を通じて三千人前後（官傭のみ）に達するとみられている（梅渓昇『お雇い外国人』昭和四十三年）。そのなかでもボアソナード（法学・フランス）、ベルツ（医学・ドイツ）、クラーク（農学・アメリカ）、フェノロサ（哲学・アメリカ）、キヨソネ（美術・イタリア）、ラフカディオ・ハーン（英語英文学・ギリシャ、日本に帰化、日本名小泉八雲）など、有名外国人は枚挙にいとまがない。百済の専門家たちはこのような明治の「お雇い外国人」の古代版といってよいであろう。もっとも明治の「お雇い外国人」が日本の政治・経済や産業、技術あるいは学術、思想、芸術などあらゆる分野にわたる近代化、文明開化を促したのに比すればその影響力は小さかったかも知れないが、文化基盤のレベルや規模といったものを考えれば、古代の「お雇い外国人」の果した役割はどんなに評価してもし過ぎることはないであろう。そんな「お雇い外国人」のなかに僧もふくまれていた。百済からわが国への仏教伝来は、このような構図のなかで行われた文化移転であり、日本古代における文明開化であったといってよいであろう。

法隆寺　文学散歩

名古屋外国語大学教授　蔵田　敏明

それは幻のやうに寂しい姿ではあるけれど、ひたむきの祈りの心にそつくりの静かな充実感をたたへてゐる。両脇に流れる天衣《てんね》が台座の蓮台の反花《かえりばな》に触れて撥ねあがつてゐるのも、飛天の舞を偲ばせて、天上へのおもひに私を導く。

高見順『古彫刻について』

この世には、形をもって見ることのできないものがある。ひたむきな祈りの心も、色や形象を成すものではないが、それを法隆寺の百済観音像《くだら》に見たと、作家の高見順は記す。

作家は跪《ひざまづ》き、たおやかで細身の百済観音を見あげる。

「私はそこに、私の実感として、人間の祈りといふものを眼にしたおもひだつた。祈りが地上からまつすぐに清らかに立ち昇つてゐる。その形は、一すぢに祈る心の表現としてあくまで崇高な直線でなければならなかつた」と述懐する。

この百済観音に魅せられた作家は数多《あまた》いる。

堀辰雄は、「僕の一番好きな百済観音」と称して、『大和路』の随筆に「相変らずあどけなく頬笑まれながら、静かにお立ちになつてゐられる」と、記している。

……僕はいつまでも一人でその像をためつすがめつして見てゐた。どうかすると、ときどき揺らいでゐる瓔珞《ようらく》のかげのせゐか、その口もとの無心さうな頬笑みが、いま、そこに漂つたばかりのやうに見えたりすることもある。さういう工合なども僕にはなかなかありがたかつた。

堀辰雄『大和路・信濃路』

ほほゑみて　うつつごころ　に　あり　たたす　くだらぼとけ　に　しく　ものぞ　なき

会津八一

また「人間の最も美しい夢」といったのは、亀井勝一郎である。奈良を訪れる以前、「正直なところ、私は仏像にどうしても親しみえなかった」という亀井を魅了した仏像である。「法隆寺金堂に佇立する百済観音は、仏像に対する自分の偏見を一挙にふきとばしてくれた。このみ仏の導きによって、私は一歩一歩多くの古仏にふれてゆくことができたといってもいい」という。

仄暗い堂内に、その白味がかった体軀が焔のようにまっすぐ立っているのを見た刹那、観察よりもまず合掌したい気持になる。大地から燃えあがった永遠の焔のようであった。人間像というよりも人間塔――いのちの火の生動している塔であった。（中略）

これを仰いでいると、遠く飛鳥の世に、はじめて仏道にふれ信仰を求めようとした人々の清らかな直ぐな憧憬を感じる。思索的で観念的であるが、それが未だ内攻せず、ほのぼのと夢みているさまがおおらかである。

亀井勝一郎『法隆寺　初旅の思い出』

あまりに清らかで不思議に満ちた法悦の境地で仏像を拝むのではなく、「私は仏教知識も仏教美術も極めて乏しい」と言い放つ小説家で劇作家の正宗白鳥《まさむねはくちょう》も、百済観音像の前に立っている。

観音様は、西洋のマリア様みたいに懐かしい仏像であるが、数多き観音像のうち、真に尊い思い懐かしい思いを寄せられる観音は、案外少ないのである。だから、夢殿のそれのように秘仏にして、衆人に見せなかったのがよかったのである。そういう古人の心掛けはバカにされないのである。秘仏にして有難味をつけて置く方がよかったのだ。百済観音などは、長細い身体を立ちずくめで千幾百年。さぞ疲れたことであろうと思って見ていると、その柔しい、和やかな面貌に、永遠の疲れ知らずの表現に心惹かれて、私でもうっとりするようになるのである。

正宗白鳥『冬の法隆寺詣で』

なにごころなく、飄々としている正宗白鳥をも、うっとりと魅了した百済観音であった。大和の大地に根を張る大伽藍、堂内の障壁画、数多の仏像と、法隆寺は日本仏教美術の宝庫といわれる。そして聖徳太子の夢殿で、救世《くせ》観音像に見入っているのが高村光太郎である。彫刻家で詩人の光太郎は、法隆寺の中に「日本美の源泉」を見ている。

夢殿、中宮寺を含む法隆寺の一郭の中にわれらの美の淵源とすべき彫刻の充満していることはいうまでもない。（中略）殊に夢殿の秘仏救世観世音像に至っては、限りなき太子讃仰の念と、太子薨去に対する万感をこめて痛惜《つうせき》やる方ない悲憤の余り、造顕《ぞうけん》せられた御像と拝察せらされ、他の諸仏像とは全く違った精神雰囲気が御像を囲繞《いじょう》しているのを感ずる。まるで太子の生御魂が鼓動をうって御像の中に籠り、救世の悲願に眼をらんらんとみひらき給うかに拝せられる。

高村光太郎『美について』

光太郎自身、ノミを揮《ふる》う彫刻家であるから、物書きとはまた違った角度、つまり同じ作り手の目線で実感している。

作者がしゃにむになって、むしろある限りの激情をうちつけに具象化したものと考えられる。あらたかな御像という物凄いほどの力がその超越的な写実性から来る。作者が絶対絶命な気構《きがまえ》で一気にこの御像を作り上げ、しかも自分自身でさえ御像を凝視するのが恐ろしかったような不思議な状態を想見することが出来る。藤原時代に早くも秘仏としておん扉を固く閉じ奉ることに定められたという事のいわれが分るような気がする。　　『同右』

冷静なる作り手の眼で救世観音像のことを見つめながらも、「古今を独歩する唯一無二の霊像であり、彫刻美としてのみ語るのはまことに心無きわざとなるのである」と、光太郎は語っている。

おし　ひらく　おもき　とびら　の　あひだ　より
はや　みえ　たまふ　みほとけ　の　かほ　　会津八一

歌人であり、美術史家の会津八一は、法隆寺の研究に膨大な時間を費やしている。明治四十一年に初めて奈良を訪れ、以来、幾度も奈良を歩き、その感慨を歌に詠んでいる。

法隆寺の境内を歩いているとき、不思議な感にとらわれたのは俳人の高浜虚子だ。

……金堂を出て夢殿の廊下を通つて居る時、リン〳〵と物が鳴つた。案内者が、あの鈴は金鈴といつて黄金を沢山入れて拵《こしら》へた鈴ださうですといつた。其音の善いといつたら喩へるに物が無い。此の法隆寺にあるどの仏体を叩いてもあんな善い音は出まいと思つた。極楽浄土で啼くといふ迦陵頻伽《かりょうびんが》の声も恐らく斯う迄はあるまいと考へた。其から廊下を伝ふて宝蔵の方へ行きかけると又リン〳〵と鳴つた。ア、堪まらぬ善い音だと立止まつて耳を澄ました。此時ふと、今案内者は鈴だといつたが、もしか彼の金堂の壁画の色が音を出したのではあるまいかと疑った。

蘭の香も法隆寺には今めかし

高浜虚子『俳諧一口噺』

法隆寺の諸堂をめぐるとき、心に浮かぶ名文がある。和辻哲郎が親友の木下杢太郎《もくたろう》に宛てた手紙の一節である。

わたくし一己の経験としては、あの中門の内側へ歩み入つて、金堂と塔と歩廊とを一目に眺めた瞬間に、サアアッといふやうな、非常に透明な一種の音響のやうなものを感じます。二度目から、最初ほど強くは感じませんでしたが、しかしやはり同じ感触があつて、同じやうなショックが全身を走りました。痺れに似た感じです。次の瞬間にわたくしの心は「魂の森のなかにゐる」といつたやうな、妙な静けさを感じます。

和辻哲郎『古寺巡礼』

あまりに殺伐とした昨今、その息づまりからか現実逃避か、スピリチュアル（霊的）なものが求められている。ブームに乗り、安直に名刹をめぐり、仏像拝顔、御朱印蒐集が行なわれているが、そんな流行などあずかり知ることなく、法隆寺は法隆寺としてそこにある。

最後に、忘れてならない日本の名句が法隆寺で詠まれている。

明治二十八年十月、正岡子規が、故郷の愛媛県松山から東京へ戻る途中に奈良に立ち寄り、法隆寺を訪れたときの句である。

柿食へば鐘が鳴るなり法隆寺　　正岡子規

「柿も旨い、場所もいい。余はうつとりとしているとボーンという釣鐘の音が一つ聞こえた」という子規の随筆から読み解いて、この鐘は法隆寺で聴いたのではなく、前夜宿屋で耳にした東大寺の初夜（八時）の鐘だという説もある。しかし、わたしは子ども時分に法隆寺に遠足に行き、柿がたわわに実る枝の向こうに法隆寺の伽藍を眺め、これが子規の見た光景かと思い、感動したことがあった。黒々と影絵のように見える諸堂に、柿の艶やかさだけが色をなす。写生画を見るように心に焼きついた秋であった。この句に詠まれた柿は、奈良の名産御所柿である。そして子規は無類の柿好きであった。

行く秋をしぐれかけたり法隆寺　　正岡子規

法隆寺の仏像

神奈川県立歴史博物館館長　西川　杏太郎

法隆寺は仏教彫刻の宝庫である。最近の統計によると、木彫仏は三百七十四件八百五十六体、金銅仏は押出仏や懸仏などまでを含み五十五件六十六体、塑像《そぞう》は二十二件百四十二体、乾漆仏《かんしつ》は六件十二体などで、これに塼仏《せんぶつ》二体、石仏三十五体、後世、法隆寺の古像を模作したもの九体など、総計千百二十二体を数える。またこのほか伎楽《ぎがく》・舞楽《ぶがく》や行道《ぎょうどう》に用いられた重要な仮面の遺品百一面も遺されている。これらは国宝十七件百三体、重要文化財六十七件百十三体を含んでの数値である。製作年代で分類してみても飛鳥・奈良・平安・鎌倉・南北朝・室町・江戸の各時代にわたる作品が揃い、明治以降の近代彫刻までを含み、全時代にまたがることがわかる。これは法隆寺をおいて他には見られないことであり、こうした統計だけをみても、この寺の歴史の古さと厚み、その奥深さをまざまざと知らされる思いがする。

法隆寺には日本彫刻史の第一頁を飾る名品の大半が現存している。飛鳥の名匠として知られる鞍首《くらつくりのおびと》止利《とり》（止利仏師）が推古三十一年（六二三）に造った金堂の本尊、釈迦三尊像（国宝）や、その工房によって造られたと考えられる止利派の作品の多くが遺されているのである。これらは中国北魏《ほくぎ》時代後期の磨崖仏のように背面が省略され、あくまで厳格な正面観照性を重視した造型で、その姿は正面からみると、裾ひろがりで、左右相称の二等辺三角形にまとめられ、衣文は厳格な刻みで左右相称にあらわし、眼は杏の種のような形に見開かれ、唇はその両端を上にはね上げ（仰月形《ぎょうげつけい》）、鼻の下やあごに人中線をくっきりと刻み、頸部は筒形、肩に垂れる髪筋は、蕨《わらび》に似た紐状にあらわすなどの特色があげられる。推古三十六年（六二八）銘のある小形の釈迦三尊像（脇侍一体を失う。重文）、金堂の薬師如来坐像（国宝）、大宝蔵院の小形の聖観音立像（重文）などがそれに当たる。以上はいずれも金銅仏であるが、夢殿の本尊、救世《くせ》観音立像（国宝）は樟《くすのき》の一材から彫り起こした木彫像で、ねばりのある鋭い彫技によって止利派の持つ特色をとくに強く示した名作として知られるものである。

なお、金堂の薬師如来像は光背に推古十五年（六〇七）という古い年号が刻まれているが、その製作年代について古くから議論があり、銘文の記載文体や用語を検討し、像の造型的な特色と併せて法隆寺が天智九年（六七〇）に焼亡した後に造られた復古像であろうとする考え方が定説となっている。先年この薬師如来像と釈迦三尊像は台座から下ろされて精査され、共に蠟型鋳造《ろうがたちゅうぞう》によって出来ているが、釈迦像より薬師像の方が像内の鋳肌《いはだ》もなめらかで、鋳造技法もかなり手慣れているので、釈迦像より薬師像の方が後に造られた可能性の高いことが確認されている。当初の法隆寺伽藍焼亡後の復古像であろう。

飛鳥彫刻の作例として法隆寺には、もう一つのスタイルを代表する名作が現存している。百済《くだら》観音立像（国宝）や金堂の四天王像（国宝。六五〇年頃、山口大口《やまぐちのおおぐちのあたい》費等作銘）などの木彫像がそれである。これらは二等辺三角形ではなく、樟の柱の周りに刻みを入れて彫刻するという円柱形を基本とする造型で、側面からも観られることをはっきりと意識し、また彫り口にも軟らかみが加わるなど、作者の造型意識の全く異なるものである。こうした作風の像が、止利派の作品とわずかの年代差で法隆寺に現存していることは面白い。いずれも中国の仏像にその源流を求めることが出来る。

やがて七世紀も後半に入ると仏像の表現は飛鳥様式を一歩進め、面相からは厳しさが消え、おだやかで清純な童子を思わせる表情に変わり、体軀の肉付けも軟らかさと自然さを増して行く。これは朝鮮半島や中国本土とのさかんな交流によって伝えられた中国北斉《ほくせい》・北周から隋・唐にかけての新しい様式をとり入れたものであろう。法隆寺の作品としては、伝橘夫人《たちばなぶにん》念持仏厨子に納められた金銅阿弥陀三尊像（国宝）や同じく金銅の夢違観音《ゆめちがいかんのん》立像（国宝）などがその典型といえる。

法隆寺の彫刻でつぎに注目されるのが、天平初期（八世紀初頭）に造られた塑造の重要な作品群が遺されていることであろう。それは、もと食堂《じきどう》に在った梵天《ぼんてん》・帝釈天立像、四天王像（各重文。八世紀後半の作とする説もある）および、和銅四年（七一一）に造られたものと『法隆寺資財帳』に記される五重塔初層四面の塑土で造った須弥山《しゅみせん》内に安置される塑造の小群像（国宝）および中門の大きな金剛力士像（重文）などである。塑土をモデリング（盛りつけ）して仏像を造る技術は、すでにガンダーラ仏の一部で、石仏の表面仕上げに塑土をモデリングしたことに始まるようであるが、三〜五世紀にはアフガニスタンのハッダなどでも造られ、その後とくに西域地方で流行し、それが中国に伝えられ、五世紀中ごろから造営された敦煌莫高窟《とんこうばっこうくつ》では塑像がその主役となり、中国本土では炳《へい》霊寺《れいじ》、麦積山《ばくせきざん》などにその大規模な遺構がみられる。そして唐代には洛陽や長安（いまの西安）など大都市の寺でも、堂内の壁面に塑土を分厚くもり上げ、これを須弥山に見立て、そこに塑像を安置した「塑壁」と呼ぶ大規模な造作も流行する。こうした伝統が七世紀後半、日本に伝えられたのである。法隆寺五重塔初層の須弥山と群像は、その初期を飾る重要な遺例で、とくに群像は像高わずか三十〜四十センチ程の小像ではあるが、唐風の見事な造型として巨像に負けない大らかな美しさを示してくれる。

　法隆寺にはまた奈良時代の乾漆造の重要な作品も遺されている。西院伽藍背後の丘に立つ西円堂《さいえんどう》の本尊薬師如来坐像（国宝）や東院夢殿の後ろにある伝法堂内の三組の阿弥陀三尊像（各重文）、大宝蔵院に安置する小形の伝弥勒菩薩坐像（重文）、夢殿建立の主導者、行信僧都《ぎょうしんそうず》の肖像（国宝）などである。とくに西円堂の薬師如来坐像は高い蓮花座に坐る堂々たる丈六仏で、唐招提寺金堂の本尊盧舎那仏坐像と対比される天平後半期の優れた作品として貴重である。

　なお法隆寺の彫刻で忘れてはならないものに檀像《だんぞう》がある。檀像とは南方産の香り高い、緻密で美しい木肌を持つ白檀《びゃくだん》を彫刻して造った仏像のことで、大きさは至って小さい。養老三年（七一九）

唐より迎えたと『法隆寺資財帳』に記す精緻な彫りの美しい九面観音立像（国宝）と、伝来は不明であるが唐代の作品である如意輪観音坐像（重文）がそれである。平安時代、日本で流行する檀像あるいは檀造風木彫像の祖ともいえる重要な作品である。

平安・鎌倉時代に入っても法隆寺は古代寺院としての信仰・寺格を十分に保持し積極的な活動が続く。仏像の遺例を通してみても、九世紀一木《いちぼく》彫成の名品地蔵菩薩立像（国宝）、十世紀中葉の大作、上御堂の釈迦三尊坐像（国宝）、ほぼ同じ頃の作で、来朝百済僧の一人観勒《かんろく》の像と伝える肖像（重文）、また正暦元年（九九〇）再建された大講堂の本尊、丈六薬師三尊坐像（国宝）や四天王像（重文）、それに承暦二年（一〇七八）に金堂での吉祥悔過会《きちじょうけかえ》の本尊として造られた彩色の美しい毘沙門天・吉祥天立像（国宝）、また鎌倉時代の貞永元年（一二三二）、仏師康勝（運慶の四男）が造った金堂の銅造阿弥陀三尊像（重文、脇侍一体はいまパリ・ギメ美術館蔵）などの重要な作品が遺されている。

この他、聖徳太子の御寺にふさわしく三十体もの数が遺されている聖徳太子像の遺例中には聖霊院の秘仏、聖徳太子五尊像（聖徳太子および侍者像。国宝。保安二年〔一一二一〕作）、絵殿の聖徳太子坐像（重文。治暦五年〔一〇六九〕、仏師円快作）など現存最古の美しい聖徳太子の尊像のあることを忘れてはならないであろう。

法隆寺金堂の謎

建築史家　鈴木　嘉吉

一　金堂は何時建てられたか

法隆寺西院伽藍の中枢部は金堂と五重塔が東西に並び建ち、中門から発する回廊《かいろう》がそれを囲んでいる。これらは日本最古の建造物群であると同時に、木造建築としては世界で最も古い。これらの建物はさほど規模が大きくはないのだが、柱や組物《くみもの》・垂木《たるき》などが太くて他には見られない雄大さといかめしさを備えている。法隆寺様式と呼ばれる同じ建築様式で造られていて、柱には強い胴張りがあり、組物は、皿板付きの大斗《だいと》に複雑な曲線の雲形斗栱《くもがたときょう》を用い、軒は角垂木《かくだるき》の一軒《ひとのき》としている。また高欄《こうらん》には人字形割束《じんじがたわりづか》や卍《まんじ》くずしの組子がある。こうした特色は法隆寺の次に古い薬師寺東塔やそれに続く天平建築とは全く異なり、法隆寺だけが飛び抜けた古様さをもっているのである。

西院伽藍の建立年代については、このような建築の古めかしさや金堂に安置する仏像の銘から推古朝（五九三～六二八）とする説と、『日本書紀』に天智九年（六七〇）火災の記事があるからその後の再建とする説があって、永年討議されてきた。いわゆる再建非再建論争である。この論争は昭和十四年（一九三九）に若草伽藍跡の発掘調査が行われて、ここが創建の法隆寺であったことが判明すると、非再建論の完全な敗北となって終止符を打つ。その後は今の法隆寺は天智火災後の再建で、天平十九年（七四七）の『法隆寺伽藍縁起并《ならびに》流記《るき》資財帳』には、持統七年（六九三）に天皇から仁王会《にんのうえ》のために天蓋《てんがい》や経台《きょうだい》を賜わったことを記すから、この頃には金堂だけは完成していたのだろうというのが定説となる。しかしこれでは焼けた後の再建なら同じ場所で行うほうが簡単なのに、何故旧寺地を捨て、大規模な整地工事を行って、今の西院伽藍を造営したのかの説明が全くつかない。また本来は推古十五年（六〇七）の創立縁起銘をもつ薬師如来像が、金堂の本尊であるべき筈なのに、それが東の間にあって、中央には聖徳太子を追善するため、推古三十一年（六二三）に造った釈迦三尊像が安置されているのは何故か、という疑問にも答えられない。

　西院伽藍では金堂が最も古い。柱の胴張りが一番大きく、雲形斗栱には金堂だけ筋彫りの渦文があって、粘っこい曲線的造形の建築様式の特徴が最もよく発揮されている。これに比べると五重塔では雲形斗栱の形は同じでも輪郭曲線の刳りが浅くなり、中門では曲線を強調する役割を果していた舌《ぜつ》と呼ぶ突起が消える。中国風の繁雑さから日本人好みの簡明さへと順次移行するのである。また金堂は造営事情が他と異なることを窺わせる要素をもっている。それは基壇を傾斜地に築いたあと、周囲を切り下げて今の地盤面に整地しているからである。その基壇の外装は昭和修理前までは、羽目石《はめいし》を上下二石で積む他に例を見ない形式であった。一方、塔は基壇を現地盤面から築き、羽目石も一枚で積む普通の造り方である。

こうした金堂だけがもつ古様さや特殊性を挺子《てこ》に、前述の二つの疑問に答えたのが昭和六十二年に発表した私の新再建論である。その筋書は、今の金堂は皇極二年（六四三）に焼かれた斑鳩宮内にあった釈迦三尊像を祀るために、若草伽藍西方の台地に斉明《さいめい》朝（六五五〜六一）頃に造り始めたもので、天智九年（六七〇）の火災後、ほぼ完成に近いこの堂を中心に寺を営むこととなり、そのため地盤を切り下げて敷地を拡げ、そこへ塔や回廊を建てた、というものである。これは一つの仮説に過ぎないが、近年それを裏付けるような研究が行われている。年輪年代の調査で、金堂の天井板や支輪板の原木の伐採年が六六七年および六六八年と判明した。古代には生木を割り裂いて製材するので、これはその頃金堂の造営が進行中であった証となる。金堂の部材には他にも六五〇年代末から六六〇年代の伐採と推定されるものが数点あり、塔には六七三年より少し後、中門には六九〇年代末の伐採材が使われている。従来から様式上金堂・五重塔・中門の順に造営されたと考えられていたが、年輪年代からそれが科学的に証明されたのである。

二　廟堂から金堂へ

年輪年代調査によって金堂の造営年代が明らかになった後、平成二十年には内陣天井の調査で思わぬ新発見があった。東の間の薬師像の真上で、現在は使われていない天蓋吊金具が発見されたのである。現在の天蓋は各間とも木製の箱形天蓋で、中・西両間は古く金堂創建当初からのも

内陣天井の天蓋吊金具（東南角より。右上方に発見金具）

の、東の間は天福元年（一二三三）の模古作である。これらはいずれも天井から鎖で四隅を吊るが、東の間の中央吊金具は二箇一組でその間に棒状のものを差し渡す形式である。重い箱形天蓋ではなく、中央一箇所で吊り下げる傘状の花形天蓋用なのは明らかであろう。『資財帳』には「合蓋十一具　仏分四具一具紫　法分七具　一具紫者　右、癸巳十月廿六日仁王会、納賜飛鳥宮御宇　天皇者」とあって、持統七年（六九三）の仁王会に下賜された蓋は紫色であったことが判る。わざわざ色を指定する点でこの蓋は布製と考えられ、これが東の間に吊られた可能性は極めて高い。

東の間の薬師像の上に天皇から下賜された天蓋が吊られたとすれば、それは像の光背に刻む寺の創立縁起が朝廷から公認されたことを意味する。薬師像の造立年代や銘の真偽には従来から諸説あるが、この仁王会を境に新しい場所に移った法隆寺が官寺への道を歩み始めたといってよい。さらに吊金具の下の弁柄《べんがら》彩色跡からみると、中・西両間は鮮やかに顔料が残っていて、建物が完成した直後に施工したことを示す一方、東の間は黒ずんでかなり遅れて取付けたことが判る。これは金堂が六九三年より遡って、六七〇年頃にはほぼ完成していたことの証ともなるが、ではその間、東の間には何が祀ってあったのであろうか。

これに関連して興味深いのは西の間の仏像で、現在は貞永元年（一二三二）の阿弥陀三尊像が祀られているが、台座のうち下座は古く、その上面に漆を塗り残した跡があって、そこに今は夢殿に安置される救世《くせ》観音像が立っていたらしいのである。これは平成八年に西川杏太郎氏が指摘したもので、近年は賛同する人も少なくない。救世観音像は早くから聖徳太子等身の仏像と伝えられ、夢殿は奈良時代に追善のための建築に用いられた八角円堂である。東院は天平十年（七三八）頃創立されるが、それ以前のこととして中の間に釈迦三尊像、西の間に救世観音像を安置したとすれば、現在の金堂の出発点は正に廟堂というほかない。天蓋がなかった東の間には玉虫厨子《たまむしのずし》を置いたことが考えられる。玉虫厨子は推古天皇の御物と伝え、近代に入って寺宝の展観が始まるまでは金堂東の間の背面に安置されていた。

もともと法隆寺金堂は内陣の周囲を吹放しにして仏像を須弥壇の前方へ寄せて安置するなど、通常の金堂としては不審な点が多い。それはやはり廟堂が原点であったとすれば理解できる。廟堂から金堂へ、その大転換の公認が持統七年（六九三）の仁王会であった。そこに至るまでには恐らく隠された大きなドラマがあったと思えてならない。

法隆寺の絵画

――金堂旧壁画など――

MIHO MUSEUM館長　辻　惟雄

昭和二十四年（一九四九）一月二十六日の明け方、解体修理中の法隆寺の金堂内部から火の手が上がり、外陣の壁と、そこに描かれてあった壁画のほとんどは、無残な焼損の状態になった。日本人がまだ、敗戦の虚脱状態から抜け出せないでいるときに起きた、今日では考えられない出来事であり、国民の受けたショックは大きかった。法隆寺の佐伯管長が、焼け焦げた堂内に老いた体を運び、壁画に向かって手を合わせている痛々しい姿が、グラビア誌に載せられていた。文部大臣が引責辞職し、これを契機に文化財保護法が新たに制定されたが、日本のみならずアジア全体の貴重な文化遺産であったこの作品の面影はいま、残された原寸大コロタイプ図版や原色版、あるいは当時の模写によってしか知り得ない。

ただ、解体修理にともなって搬出されていた、止利仏師作の釈迦三尊像を始めとする堂内の諸仏や、天蓋などが災難を免れたこと、壁画のうち、取り外されてあった内陣柱間上部の小壁に、それぞれ二体ずつ描かれた供養飛天図二十面が無事であったことは、不幸中の幸いである。

以下、火災以前に遡って、壁画に何が、どのように描かれていたかを略述しよう。

壁画は、金堂外陣の東西南北四面に描かれてあった。その主題については、十二世紀の『七大

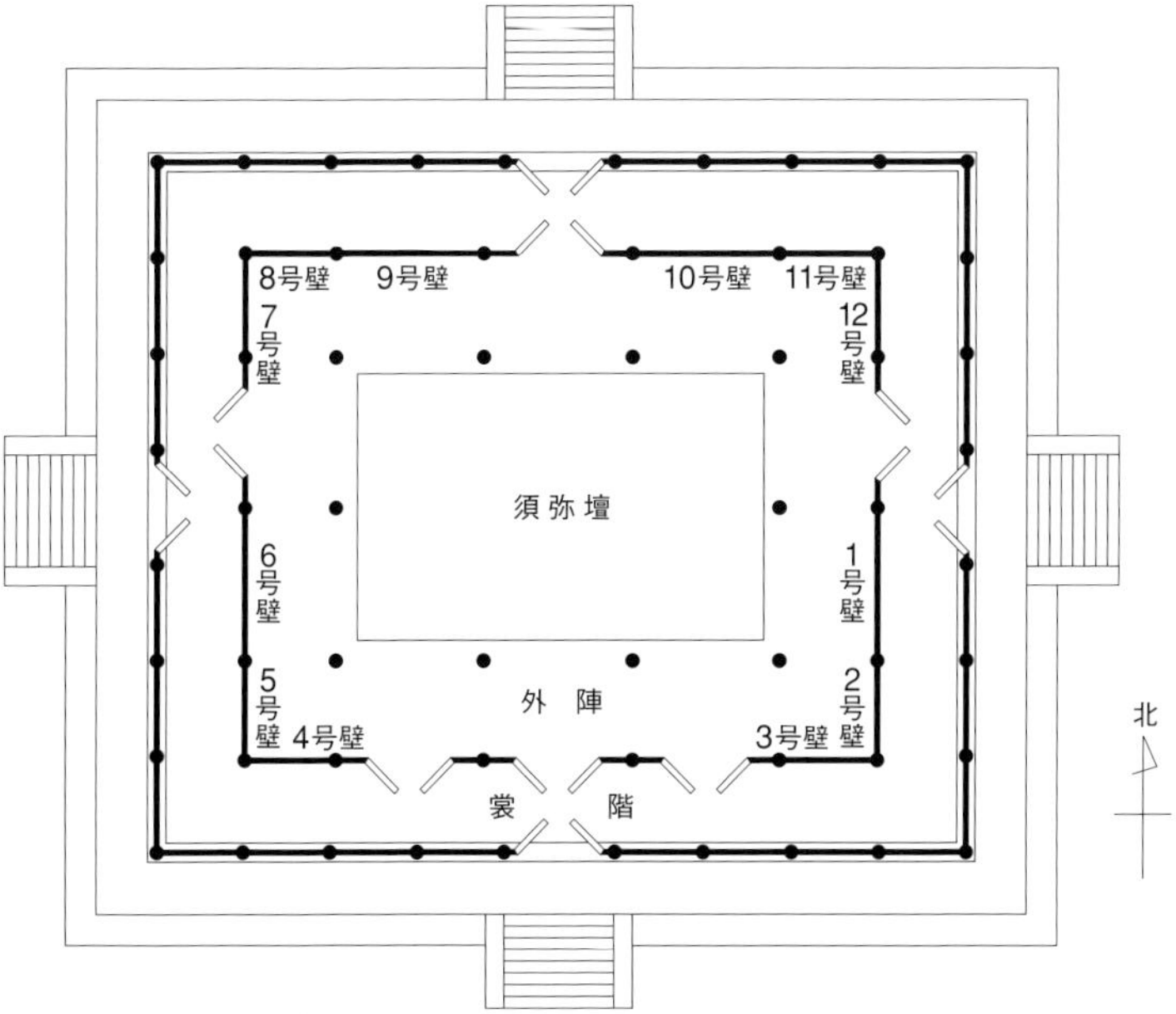

金堂下陣旧壁画配置図（『日本美術全集２』 学習研究社刊より）

寺日記』や十三世紀の『古今目録抄』、『聖徳太子伝私記』などに記されているが、充分なものではなかった。明治以降、新しく実証的な角度から研究が重ねられ、現在では、南都六宗の一つである法相宗《ほっそうしゅう》の教義に基づいて、四方四仏浄土の世界を描いたものだとする見方にほぼ落ち着いている。

図で示したように、外陣の壁画の主題は十二に分けられ、東側北寄りの扉を挟んで、時計周りにそれぞれ1号壁、2号壁から12号壁までの番号が振られている。そのうち1号、6号、9号、10号の四つは、浄土の群像を描いたもので四大壁とよばれ、1号は南方の釈迦浄土を、6号は西方の阿弥陀浄土を、10号は東方薬師浄土を、それぞれ描いている。9号壁は火災以前から剥落が進み、図像はさだかでないが、他の三つの大壁との関係から、北方弥勒浄土と推定されている。ただし、金堂の正面入口に当たる南側には大壁がないので、図の意味する四方の方角と、実際の東西南北の方角との間には、ずれがある。

四つの大画面のうち、釈迦如来は両脇に菩薩、後に十大弟子とおぼしき僧形《そうぎょう》の人物を従える。阿弥陀如来の両脇には観音、勢至の両菩薩が立ち、背後の岩山には数多くの化仏が座している。この阿弥陀浄土図は、阿弥陀と両脇侍の美しい形姿ゆえに、金堂壁画を代表するものだった。薬師如来の両側には四体の菩薩（内側の二菩薩は日光・月光）と僧形、神将形の従者が立ち並び、手前左右には金剛力士がいる。賑やかで自然な姿の群像表現である。

それらの大壁の間に、それぞれ菩薩の単独像を描いた八つの小壁が配される。東側南隅（2号壁）には池から伸びる蓮花の茎を左手で執った半跏の弥勒が描かれ、それに向き合った西側南隅（5号壁）にはこれと逆のポーズで半跏像が描かれる。これら半跏像が何であるかについては、弥勒のほか諸説がある。南側の3号、4号には観音と勢至が描かれる。北側西隅（8号壁）と東隅（11号壁）には文殊と普賢が描かれ、西側北隅（7号壁）には聖観音が、東側北隅（12号壁）は十一面観音が描かれる。7号と12号を除く6つの小壁が、それぞれ対をなして描かれていることがわかる。

壁画の手法は、壁土を何度も塗り重ねた上に、白土を塗って、その上に原寸大の下絵を当て、筋彫りといって、刃物や箆で輪郭を刻み付ける、あるいは念紙といって、壁面と下絵の間に色のついた紙を挟み、下絵の輪郭を転写する、そこに彩色を施し、描き起しの線で仕上げる、というものである。鉄線描といわれる、太細のない線でゆっくり引かれた線が特徴である。遺された図版によれば輪郭線の硬さが感じられるが、現存する飛天図の小壁画を見ると、描線はのびやかで、色調も明るく、改めて大壁面の焼損が悔やまれる。

金堂壁画の画風は、敦煌壁画に見られるような、中国の初唐様式と密接に関連する。そこには、初唐様式が影響を受けた、インドやササーン朝、あるいは西域の美術の要素も見てとれる。衣を透かして中の肉体を見せる「透露描法」、色彩の濃淡により立体感をあらわす「暈渲法《うんぜん》」、ガラスの椀を持つ指が透けて見える描写――、これらは西域の絵画に由来する。一方で、十大弟子などの顔の写実的な描写には、中国絵画の伝統が示される。

金堂壁画の制作年代は、再建法隆寺の金堂が建てられた時期とからんではっきりしないが、建物が完成したと考えられている持統天皇の代（六八七～九六）すなわち、七世紀末を想定しておく。

なお、金堂を解体修理した際、天井裏から工人たちが監督の目を盗んで墨で描きちらした落書きが見つかった。現在は元に戻されているが、性的落書きを含んだ気ままな描きなぐりが生々しく人間的であり、古代人の本音を聞く思いがする。

もう一つ、法隆寺に伝わるすぐれた絵画として、舎利殿の仏壇後壁に貼り付けてあった「蓮池水禽図」に触れておきたい。現在一枚の二曲屏風に仕立てられている。蓮池に咲く朱色の美しい花と、そこに住む白鷺を描いたもので、中国江南の職業絵師による、いわゆる毘陵《びりょう》草虫画の画題に由来する。出来栄えがよいので中国画ではないかとする見方もあったが、中国製蓮池水禽図との違いも指摘され、現在では日本の、鎌倉時代前半とする説に落ち着いている。遺品こそないものの、日本にも蓮の花や蓮池を描く着色画の伝統は古くからあった。その伝統と、新しく入った中国の蓮池図とが合体して、このような優れた作例を生んだのだろう。

【参考文献】

『奈良六大寺大観　補訂版　第五巻』岩波書店　二〇〇一年
『日本美術全集2・法隆寺と斑鳩の寺』学習研究社　一九七八年
『日本美術全集3・正倉院と上代絵画』講談社　一九九二年

聖徳太子ゆかりの法隆寺の文化財

龍谷大学龍谷ミュージアム教授（学芸員）　石川　知彦

聖徳太子創建の法隆寺には、太子にまつわる法宝物が多数伝えられている。そもそも西院金堂の本尊釈迦三尊像が、身の丈が太子と同じ（「尺寸王身」）であると光背銘に記され、また東院夢殿の本尊である救世《くせ》観音像が、「上宮王等身観世音菩薩」と『東院資財帳』に記され、法隆寺は太子信仰の原点であると見なせる。ほかにも飛鳥～白鳳時代の仏像や工芸品に、太子所縁の伝承を有する遺品があるが、ここでは太子その人を表した彫刻・絵画の遺品を振り返っておきたい。

一、聖徳太子の「童像」と「霊像」

太子を表した最古の遺品とされるのが、法隆寺に伝来した聖徳太子二王子像（唐本御影《とうほんのみえい》、御物）である。本図が奈良時代の作になることはほぼ異論のないところであるが、確実に太子を描いた遺品とは断言できない。これを除くと太子を表した彫刻・絵画が流布し始めるのは一般に平安時代からで、法隆寺には現存最古の太子彫像（絵殿《えでん》、伝七歳像）が伝わる。ちなみに絵画作例では兵庫・一乗寺の聖徳太子及び天台高僧像（十一世紀）中の一幅が、最古の遺品になる。

そうした頃に法隆寺、そして都の広隆寺とともに、太子信仰の拠点寺院であった難波の四天王寺では、二種類の太子像（「童像」と「霊像」）が祀られていたことが当時の貴族の日記（『台記』、久安四＝一一四八年条）に記されている。すなわち四天王寺に参詣した藤原頼長が、同寺の安置仏について記した箇所に登場し、成人前の太子を表した「童像」とは法会の際に移動される「行像」で、「孝養《きょうよう》像」に代表される童形《どうぎょう》像と想定される。一方の「霊像」は成人後の太子を表した像で、聖霊院の本尊として祀られていたことが指摘されている。四天王寺には当時の太子像は現存しないが、法隆寺には双方の太子像が平安後期以来祀られている。まず「童像」に相当するのが、東院絵殿に安置される童形の太子坐像（重文）である。前述したように現存最古の太子彫像で、治暦五年（一〇六九）に仏師円快と絵師秦致貞《はたのちてい》が制作した。法隆寺では太子忌日に、輦《れん》に乗せて夢殿（現在は大講堂）に遷座し、太子感得の舎利とともに聖霊会《しょうりょうえ》の本尊とされる。檜材の一木割矧《わりは》ぎ造りで、袍衣を着て左手に団扇を持つ。袍衣の前垂を礼盤《らいばん》前面に垂下させ、これが遷座時の像の安定をもたらしている。寺では七歳像と伝えるが、胎内銘には「御童子形御影」とあり、実際の年齢は特定できない。なお団扇を持つ童形の太子像は、鎌倉期の五尊像（法隆寺蔵、重文）にも描かれている。

一方「霊像」と想定できるのが、保安二年（一一二一）に造立された木造聖徳太子および四侍者坐像（国宝）である。本像は山背大兄王《やましろのおおえのおう》と殖栗王《えぐりのおう》、卒末呂王《そまろのおう》、恵慈法師《えじほうし》とともに西院聖霊院に本尊として祀られ、太子の五百回忌を期して開眼供養が行われた。太子は笏を執り、袍衣を着て安坐するが、冕冠《べんかん》を被り、口をわずかに開けており、いわゆる摂政《せっしょう》像と勝鬘経《しょうまんぎょう》講讃像の双方の特徴を兼ね備える。胎内に白鳳期の救世観音立像を納めており、成人後とは言え年齢を特定せず、太子を象徴的に表した像と判断される。こうした姿の太子は、建長六年（一二五四）に南都絵仏師尭《ぎょう》尊《そん》が描いた聖皇曼荼羅《しょうこうまんだら》（法隆寺蔵、重文）にも表されている。

ところで現在四天王寺にて聖霊院の本尊として祀られているのが、摂政太子を描いた画像（「楊枝《ようじの》御影《みえい》」、鎌倉後期）だが、これに類する遺品が法隆寺にも伝わる。漆紗冠《しっしゃかん》を頂き、佩刀《はいとう》して両手で笏を執る俗形の摂政像の遺品（鎌倉後期）で、寺では「水鏡御影《みずかがみのみえい》」と称する。法隆寺にはこうした中世の画像が複数伝来しており、「摂政像」が「霊像」の一般的な像容であったと考えられる。

二、その他の聖徳太子像

「童像」と「霊像」は年齢を超越した姿であったが、これ以外に太子の年齢をほぼ特定できる様々な像が伝わっている。奈良時代には太子の重要な事蹟を描いた太子絵伝が描かれ始め、平安時代には太子の事蹟を編年体で記した『聖徳太子伝暦《でんりゃく》』が成立すると、特定の年齢の太子像が絵伝から独立して描かれていった。まず伝暦二歳条の事蹟を表した二歳像。上半身裸形で合掌する円頂相の太子は「南無仏太子」と通称される。鎌倉後期から登場するこの姿は、法隆寺では徳治二年（一三〇七）在銘像のほか、舎利殿に祀られる鎌倉末期の優品などが特筆される。次に父用明天皇の病気平癒を祈請《きしょう》する十六歳像は、鎌倉末期以降「孝養像」と呼ばれ、袍衣に袈裟を着けて柄香炉《えごうろ》を執る。法隆寺に伝わる絵画では、鎌倉前期の独尊像（重文）や一乗寺本をやや簡略化させた太子八童子像（鎌倉末期）が注目される。そして木彫像では、夢殿安置像（重文）と北倉保管の両立像が鎌倉末期に遡る。同じく伝暦十六歳条に記される物部《もののべ》合戦に参戦した際の騎馬像は、「馬上太子」と通称され、律学院像には寛永四年（一六二七）の胎内墨書銘がある。そして太子三十五歳のとき、推古天皇に請われて勝鬘経を講讃したところ、蓮華が降り、化仏《けぶつ》が湧出したという奇瑞を描いたのが「勝鬘経講讃像」。法隆寺ではこの「法王」像を見返しに描いたと想定される勝鬘経が、『東院資財帳』に記されており、この伝統を引き継ぐ鎌倉後期の装飾経（重文）が、現在東京国立博物館（法隆寺献納宝物）に所蔵される。一方勝鬘経講讃像の大画面の遺品としては、太子六百回忌の承久四年（一二二二）、南都絵仏師尊智が舎利殿の壁画として描いたと想定される額装本のほか、鎌倉期に遡る二件が伝存している。

三、聖徳太子絵伝と如意輪観音像

前述した太子絵伝についても、法隆寺は現存最古の優品を伝えていた。現在東京国立博物館（法隆寺献納宝物）の所蔵になる綾地《あやじ》の十面（国宝）で、東院絵殿の障子絵であった。本図は延久元年（一〇六九）に秦致貞が描き、大画面に太子の事蹟をゆったりと配している。また法隆寺献納宝物中の四幅本太子絵伝（重美）は、嘉元三年（一三〇五）「佛師上野法橋但馬房」の筆になる。本図は伝暦の事蹟を春夏秋冬に分けて一幅ずつに描いており、四季絵本太子絵伝の現存最古の遺品として貴重である。なお現在法隆寺には、四季絵四幅本の江戸後期における転写本が所蔵される。

ところで平安時代に入って本地垂迹《ほんぢすいじゃく》思想が広がると、太子の本地仏を如意輪観音とする説が定着していく。その姿は密教系の六臂《ろっぴ》坐像ではなく、本来は弥勒菩薩として造立された二臂の半跏《はんか》

● 別表 太子関係寺院の法宝物

寺院名	「童像」	「霊像」	その他の太子像	聖徳太子絵伝	如意輪観音像	古式四天王像
法隆寺（大和）	絵殿 伝七歳坐像（一〇六九年、円快作「御童子形御影」銘）	聖霊院 聖徳太子坐像・四侍者坐像（一一二一年）	南無仏像、孝養立像、勝鬘経講讃画像、水鏡御影 ほか多数	絵殿障子絵十面（一〇六九年、秦致貞筆）、四幅本（四季絵本、一三〇五年）	聖霊院二臂半跏坐像、六臂坐像（唐・檀像）	金堂像（六五〇年）
四天王寺（摂津）	太子孝養半跏坐像	聖霊院 摂政画像（楊枝御影）	南無仏像、孝養御影（画像）、勝鬘経講讃画像	絵堂板絵十七面（狩野山楽筆）六幅本（一三二三年、遠江法橋筆）	旧金堂本尊、二臂半跏坐像（法道寺旧蔵）	旧金堂像（別尊雑記参照）
広隆寺（山城）	桂宮院 太子孝養半跏坐像	上宮王院 伝三十五歳着衣立像（一一二〇年、頼範作）	南無仏太子像	四幅本、三幅本、屏風本、五巻本（住吉如慶筆）	二臂半跏坐像	
六角堂（山城）	太子孝養立像	（現存せず）	南無仏太子像	六幅本	六臂坐像（本尊）	
橘　寺（大和）	太子孝養立像	太子勝鬘経講讃坐像（舜慶作、太子殿本尊）		八幅本	六臂坐像（観音堂本尊）	
叡福寺（河内）	「十六歳孝養御影」	太子植髪着衣立像、「三十五歳慈悲御影」「四十九歳楊枝御影」	馬上太子画像、南無仏像、「二歳南無仏御影」	八幅本（四季絵本）、三巻本（後水尾院奉納本）	六臂坐像（金堂本尊）	
大聖勝軍寺（河内）	太子孝養立像・二王子立像	太子植髪着衣立像（太子堂本尊）	摂政画像（楊枝御影）、馬上太子画像	四幅本（一六六四年、長谷川永信筆）	二臂半跏坐像（金堂本尊）	「太子堂」像（平安後期・鎌倉）
鶴林寺（播磨）	太子孝養坐像・二王子立像	太子植髪着衣立像	孝養像二王子画像、太子堂板絵太子像	八幅本（含／善光寺如来絵伝）、四幅本	二臂半跏坐像	
斑鳩寺（播磨）	（現存せず）	太子植髪着衣立像（聖徳殿本尊）	勝鬘経講讃画像	四幅本（四季絵本、一五五五年、法隆寺四幅本の写し）	二臂立膝坐像（金堂本尊右脇）	
中山寺（摂津）	太子孝養立像	太子勝鬘経講讃坐像（太子堂本尊）	馬上太子木像（奥院本尊）、勝鬘経講讃画像、太子童形画像	（中山寺伽藍古絵図）		

※「童像」と「霊像」の表記は『台記』久安四年＝一一四八年条、藤原頼長が四天王寺の安置仏を記した記載内容による　※叡福寺の「　」内の記載は『慶長五年旧記』＝一六〇〇年による

思惟《しい》像であった。広隆寺や四天王寺、そして中宮寺の本尊として造立された半跏思惟の弥勒菩薩像は、後に太子との結びつきが説かれるとともに、奈良時代に造立された雑密系の二臂如意輪観音半跏坐像（石山寺像や岡寺像）を経て、如意輪観音と称されるようになる。そして太子は如意輪観音の化身とされ、平安中期頃から新たに太子本地の二臂如意輪観音像が造立されるに至る。十二世紀前半に造立された法隆寺聖霊院の木彫像（重文）はその代表的な遺品で、こうした作例は広隆寺や兵庫・鶴林寺、京都・廬山寺（金山天王寺伝来）、宮城・天王寺などにも伝わっている。一方六臂立て膝の如意輪観音像も、次第に太子の本地仏とされていく。前に触れた法隆寺の五尊像では、童形太子の対角線上に六臂如意輪観音が配され、唐から請来された檀像の六臂坐像（法隆寺蔵、重文）は、太子の本地仏との認識のもとで叡尊が修理を施している。

四、太子関係寺院の法宝物

以上述べてきたように、法隆寺には太子信仰に関わる彫刻・絵画の作例一式が、ほぼ完全に伝来してきた。こうした遺品は広隆寺や四天王寺（ただし現存遺品は少ない）においても同様で、地方の太子信仰拠点寺院においてもこの傾向が見られる（別表参照）。すなわち有力な太子関係寺院では、金堂や本堂に本尊として太子の本地仏たる如意輪観音を安置し、聖霊院や太子堂などに二種類以上の聖徳太子像を祀り、一方で聖徳太子絵伝を保有して太子の生涯を絵解きする、という形態と機能が必要とされていた。地方の拠点寺院が手本としたのが法隆寺であり、四天王寺であった。中でも法隆寺は格別で、質量ともに充実した優れた太子信仰の所産を伝える寺院として特筆されよう。

五七四	敏達 三	聖徳太子（厩戸皇子）誕生。
五八六	用明 元	用明天皇、病気平癒を願って寺院の建立と薬師如来の造立を発願。
五八七	二	用明天皇崩御。
五九三	推古 元	聖徳太子、摂政となる。
五九四	二	三宝興隆の詔。
五九五	三	高麗僧恵慈が来朝。
六〇一	九	聖徳太子、斑鳩宮を造営。
六〇四	一二	聖徳太子、憲法十七条を制定。
六〇七	一五	法隆寺建立。
六一一	一九	聖徳太子、「勝鬘経義疏」を製す。
六一三	二一	聖徳太子、「維摩経義疏」を製す。
六一五	二三	聖徳太子、「法華経義疏」を製す。
六二二	三〇	二月二十二日、聖徳太子、斑鳩宮で薨去。
六二三	三一	聖徳太子のために止利仏師、金堂釈迦三尊像を造顕。
六四三	皇極 二	蘇我入鹿、山背大兄王らを斑鳩宮にて焼き打ちす。
六七〇	天智 九	法隆寺、炎上す。
七一一	和銅 四	中門の金剛力士立像および五重塔塑像群を造立。
七三九	天平 一一	僧行信、上宮王院を造営。
七四七	一九	「法隆寺伽藍縁起并流記資財帳」作成される。
七六八	神護景雲二	吉祥悔過、大講堂にて始める。
八五九	貞観 元	僧道詮が上宮王院の修理を奏上。
九二五	延長 三	大講堂・鐘楼等焼失。
九九〇	正暦 元	大講堂、再建。
一〇三五	長元 八	この頃、西大門建立。
一〇六九	治暦 五	秦致貞が東院絵殿に聖徳太子絵伝を描く。
一〇七八	承暦 二	金堂の吉祥天像と毘沙門天像、造立される。
一一二一	保安 二	東室南面に聖霊院を建立、聖徳太子像侍者像が造られる。
一二三二	貞永 元	康勝、金堂阿弥陀如来像を造顕。
一二五〇	建長 二	西円堂、再建。
一二八四	弘安 七	聖霊院、再建。
一三一八	文保 二	上御堂、再建。
一四三八	永享一〇	南大門、再建。
一五九六〜	慶長年間	この頃より大修理が行われる。
一六九四	元禄 七	江戸にて出開帳を行う。この頃大修理が行われる。
一八六八	明治 元	神仏分離令布告。
一九三四	昭和 九	昭和の大修理始まる。
一九三九	一四	若草伽藍跡発掘調査行われる。
一九四九	二四	金堂壁画焼損。
一九五〇	二五	法相宗より独立、聖徳宗を立宗。
一九六八	四三	金堂再現壁画完成。
一九八五	六〇	昭和の大修理完成。
一九九三	平成 五	「法隆寺地域の仏教建造物群」、ユネスコの世界文化遺産条約に登録。
一九九八	一〇	百済観音堂、落慶。

●年中行事

1月1日	■朝拝之儀	聖霊院
1〜3日	■舎利講	舎利殿
8〜14日	■金堂修正会	金堂
16〜18日	■上宮王院修正会	夢殿
26日	■金堂壁画焼損自粛法要	金堂
2月1〜3日	■西円堂修二会	西円堂
3日	■西円堂追儺式	西円堂
5日	■三蔵会	三経院
15日	■涅槃会	大講堂
3月22〜24日	■お会式	聖霊院
4月8日	■仏生会	食堂
5月16日〜8月15日	■夏安居	西室
7月7日	■弁天会	弁天社
24日	■東院地蔵会	伝法堂
8月24日	■閼伽井坊地蔵会	地蔵堂
10月8日	■西円堂奉納鏡奉納大般若転読法要	西円堂
11月13日	■慈恩会	大講堂
15日	■勝鬘会	大講堂
12月8日	■御身拭い	金堂等

◆逸聞　法隆寺

黒駒と調子丸の伝説

法隆寺境内の妻室と綱封蔵の中間にある「馬屋」の中に聖徳太子の愛馬「黒駒《くろごま》」と「調子丸《ちょうしまる》」の木像が安置される。

黒駒は推古天皇六年（五九八）四月、諸国より良馬を求めた聖徳太子に甲斐国（山梨県）から献上された、足が白く体の黒い馬のことで、調子丸（調使麻呂）は百済から渡来した人で、黒駒を飼育したという。『聖徳太子伝暦』などによると、太子が黒駒に試乗すると太子と調子丸を連れて富士山を越え、信濃国（長野県）に到り、三日を経て都に帰ったという。

また黒駒は太子のなくなった時、太子の墓まで柩の側に寄り添って行き、柩が葬られると目から赤い涙を流して息絶えたとも伝えられる。

このような黒駒伝説や黒駒に由来する地名、旧跡、寺院が奈良県や山梨県にのこされている。

[広域 Map]

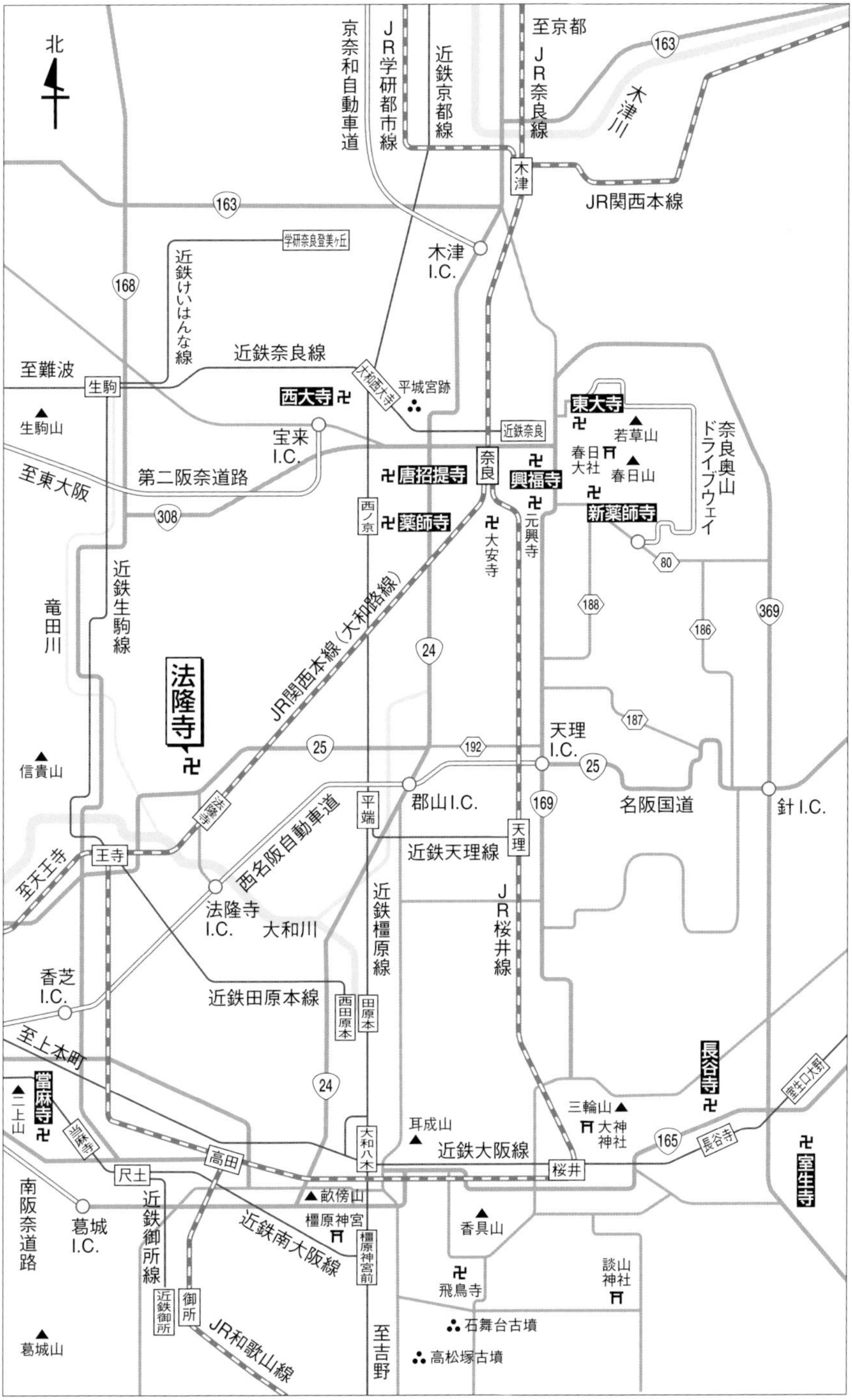

北
京奈和自動車道
JR学研都市線
近鉄京都線
至京都
JR奈良線
163
木津川
木津
JR関西本線
163
学研奈良登美ヶ丘
木津I.C.
近鉄けいはんな線
168
近鉄奈良線
至難波
生駒
大和西大寺
平城宮跡
西大寺
東大寺
生駒山
近鉄奈良
宝来I.C.
若草山
春日大社
春日山
奈良奥山ドライブウェイ
奈良
唐招提寺
興福寺
至東大阪
第二阪奈道路
新薬師寺
元興寺
308
西ノ京
薬師寺
大安寺
80
近鉄生駒線
JR関西本線（大和路線）
188
竜田川
186
369
24
法隆寺
187
天理I.C.
25
192
信貴山
25
法隆寺
郡山I.C.
平端
169
名阪国道
針I.C.
西名阪自動車道
天理
至天王寺
王寺
近鉄天理線
法隆寺I.C.
大和川
近鉄橿原線
JR桜井線
香芝I.C.
近鉄田原本線
西田原本
田原本
至上本町
長谷寺
24
當麻寺
二上山
三輪山
室生口大野
耳成山
大神神社
165
長谷寺
当麻寺
大和八木
近鉄大阪線
室生寺
尺土
高田
桜井
南阪奈道路
畝傍山
葛城I.C.
橿原神宮
香具山
近鉄御所線
近鉄南大阪線
橿原神宮前
飛鳥寺
談山神社
近鉄御所
御所
石舞台古墳
至吉野
JR和歌山線
高松塚古墳
葛城山

［アクセス Map］

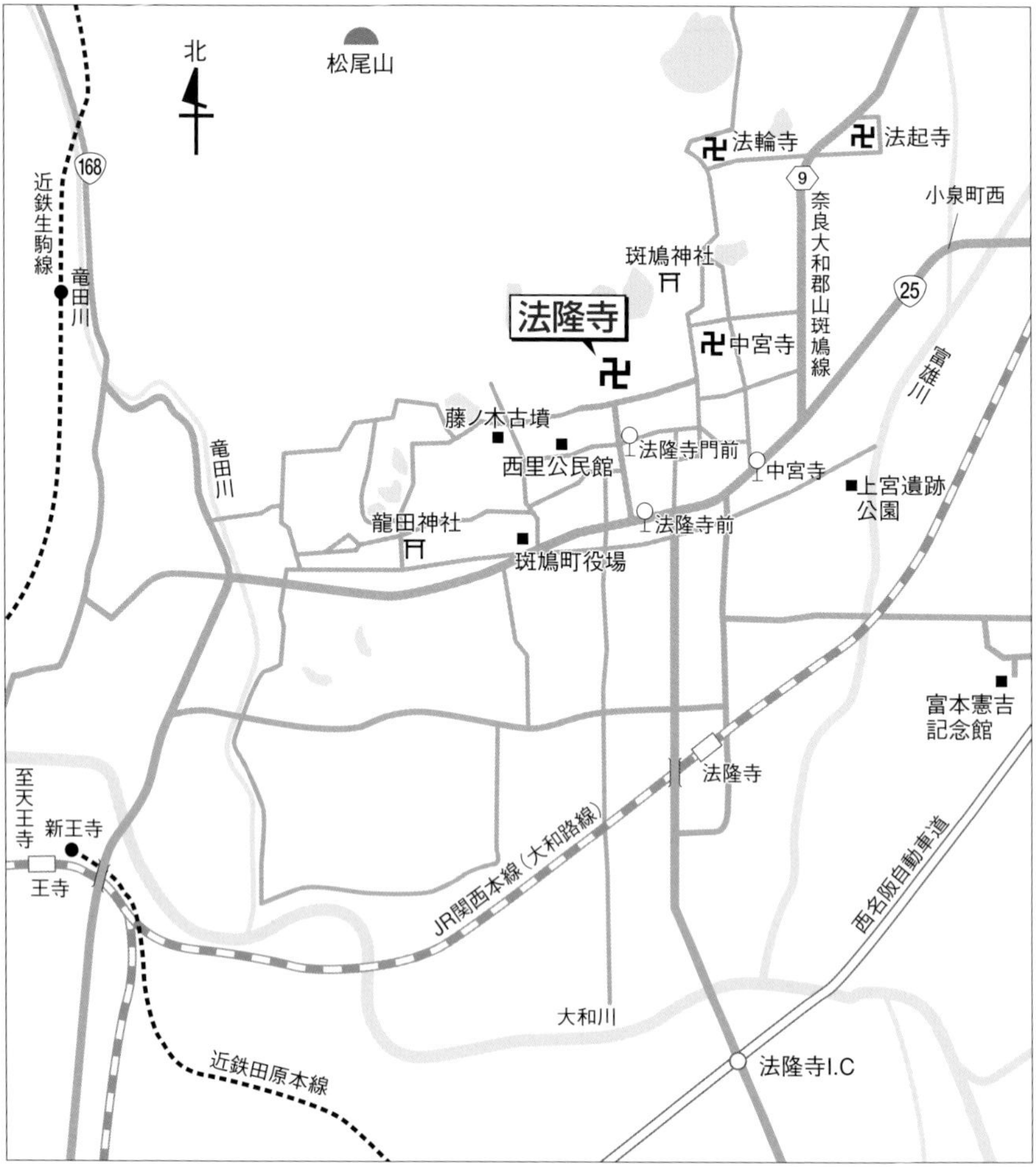

交通メモ

- ■ JR法隆寺駅から徒歩20分。
- ■ JR法隆寺駅から奈良交通バス「法隆寺門前」行きに乗り約8分、法隆寺門前下車。
- ■ JR王寺駅から奈良交通バス「春日大社・奈良」行きに乗り、法隆寺前下車、徒歩3分。
- ■ 近鉄奈良駅から奈良交通バス「JR王寺駅」行きに乗り、法隆寺前下車、徒歩3分。

※駐車場は、参道東側にある町営駐車場のほか、参道の両側に数ヵ所ある。

（掲載の情報は2010年3月現在のものです）

[法隆寺 西院伽藍 境内図]

北

毎年2月1日から3日間営まれる西円堂修二会では、薬師悔過の結願作法の後、追儺式(鬼追式)が行われる。

平成10年に落慶した大宝蔵院は百済観音を安置する百済観音堂とその他の寺宝を納める東西の宝蔵からなり、数々の宝物を拝観できる。

薬師坊庫裡 / 鐘楼 / 行者堂 / 上御堂 / 大講堂 / 大宝蔵院 / 工芸収納庫 / 収蔵庫 / 西円堂 / 地蔵堂 / 経蔵 / 鐘楼 / 食堂 / 細殿 / 古材収納庫 / 五重塔 / 東室 / 妻室 / 北倉 / WC / 西室 / 金堂 / 聖霊院 / 中倉 / 宝珠院 / 三経院 / 廻廊 / 馬屋 / 綱封蔵 / 大宝蔵殿 / 南倉 / 律学院 / 西茶所 / 中門 / サクラ / 手水屋 / 中院 / 本堂 / 弁天社 / 鏡池 / クス / WC / 弁天池 / 正岡子規句碑 / サクラ / 東大門 / ハス / サクラ / マツ / →東院伽藍 / 西大門 / 表門 / 鵤文庫 / 大湯屋 / 新堂 / 客殿 / 護摩堂 / 弥勒堂 / 実相院 / 普門院 / 観音院 / 西園院 / 唐門 / 輪堂 / 寺務所 / 洗心寮 / 上土門 / 宝光院 / 南大門 / マツ

西大門から東に向かって約500メートル、一直線に石畳の道と土塀が続く。見通しが素晴らしい。

上土門(あげつちもん、重文)は室町時代の建築。左右に絵振り板を立てて土をのせて屋根にした門(現在は檜皮葺)で、現存する唯一の遺構。

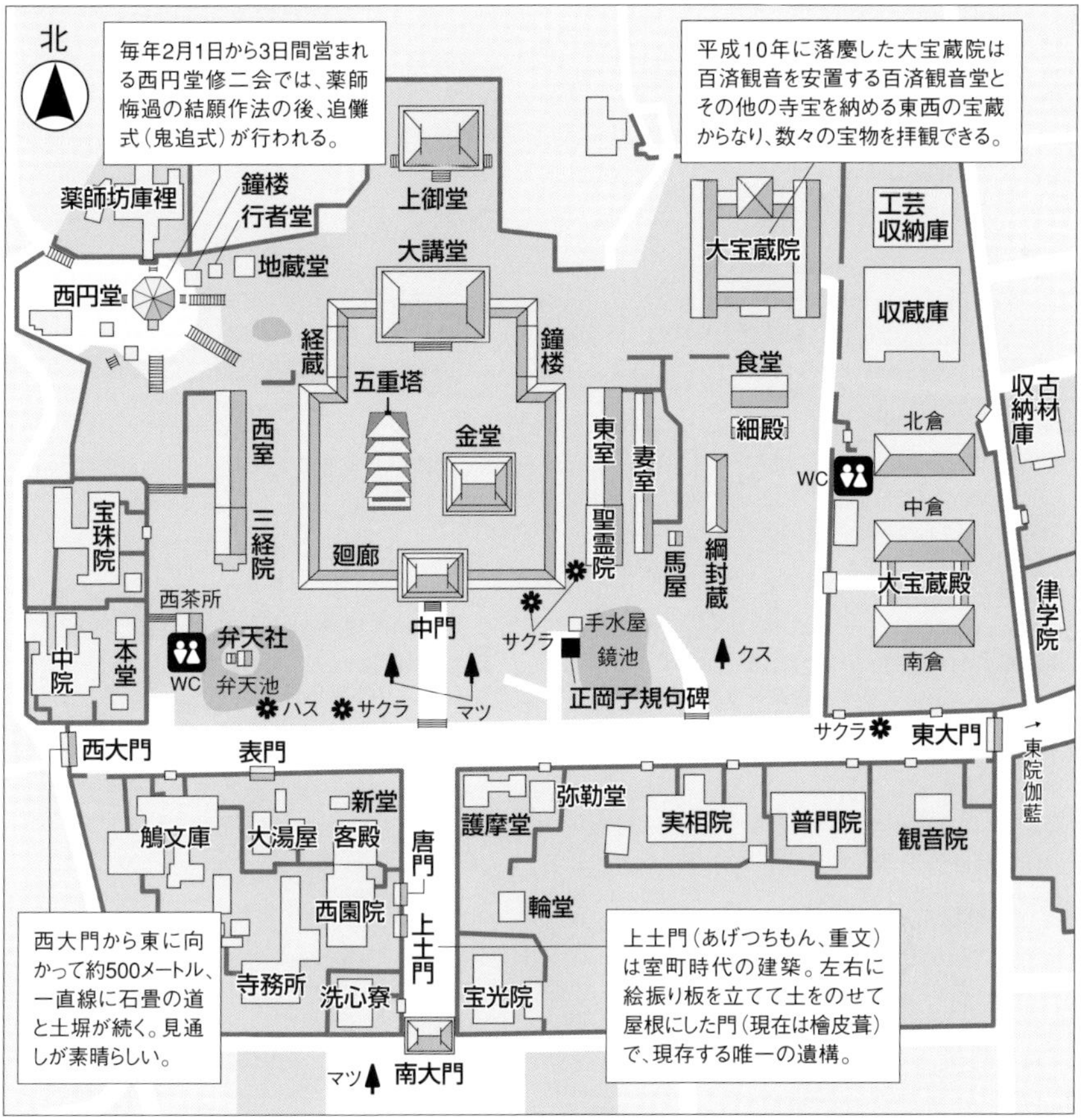

聖徳宗総本山　法隆寺　世界遺産
〒636-0115
奈良県生駒郡斑鳩町法隆寺山内1-1
TEL 0745-75-2555（代表）
http://www.horyuji.or.jp

拝観時間：
8時～17時（2月22日～11月3日）
8時～16時30分（11月4日～2月21日）

拝観料：一般1,000円　小学生500円
（西院伽藍内・大宝蔵院・東院伽藍内共通）

法隆寺秘宝展（大宝蔵院）
春季＝3月20日～6月30日
秋季＝9月11日～11月30日

夢殿本尊（救世観音像）特別開扉
春季＝4月11日～5月18日
秋季＝10月22日～11月22日

聖徳会館では7月26～29日に夏季大学が、11月3日には秋季講演会が開催され、申し込み制により聴講することができる。

北室院 / 太子殿 / 本堂 / 中宮寺 / 宗源寺 / 福園院 / 福生院 / 鐘楼 / 伝法堂 / 表門 / 絵殿・舎利殿 / 本堂 / 四脚門 / 夢殿 / 廻廊 / 礼堂 / 手水屋 / サクラ / →東大門 / WC / 聖徳会館 / 旧福園院本堂 / 羅漢堂 / 南門

夢殿の本尊は救世観音で、年に春秋2回の特別開扉が行われる。

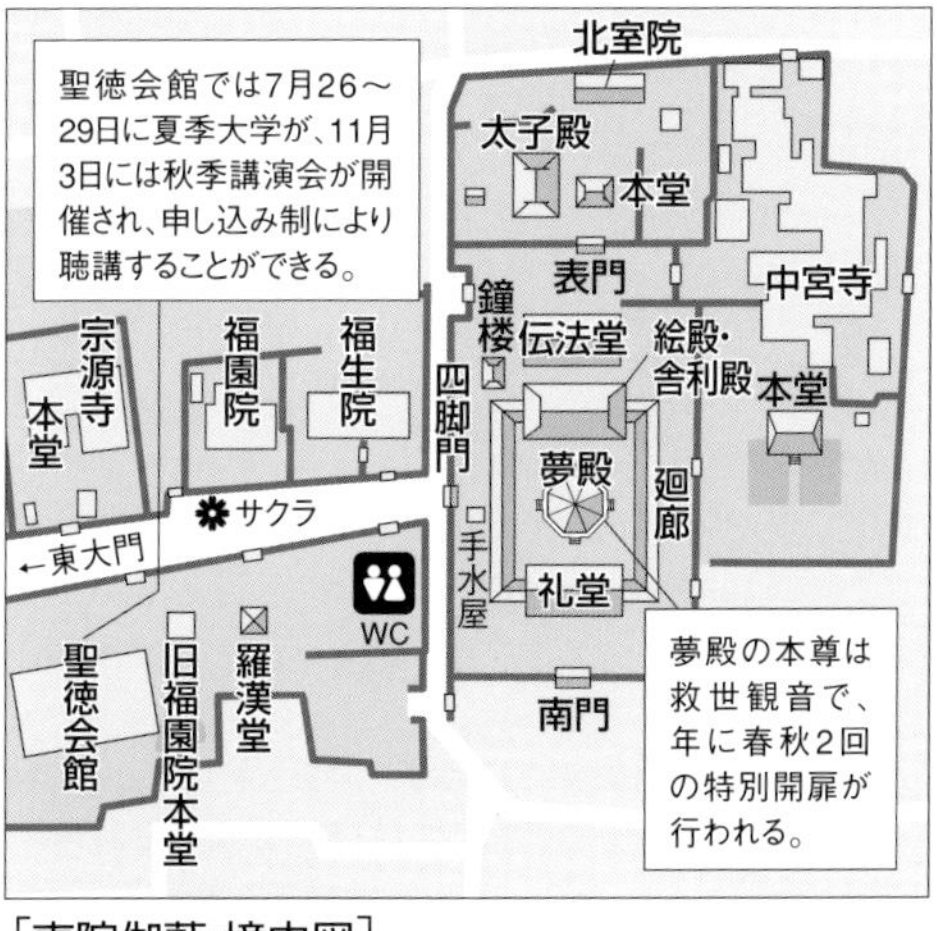

[東院伽藍 境内図]

［著者略歴］

大野《おおの》 玄妙《げんみょう》

1947年、大阪府生まれ。聖徳宗第6代管主。法隆寺第129世住職。3歳から法隆寺に住み、小学3年生で得度、龍谷大学大学院修士課程修了。1993年に法隆寺執事長となり、法起寺住職、法隆寺住職代務者、同宗管主代務を歴任。1999年に現職となる。

立松《たてまつ》 和平《わへい》

1947年、栃木県生まれ。作家。早稲田大学政治経済学部卒業。1980年『遠雷』で野間文芸新人賞、1997年『毒－風聞・田中正造』で毎日出版文化賞を受賞。行動派作家として知られ、近年は自然環境保護問題にも積極的に取り組む。2007年『道元禅師』（上・下）で泉鏡花文学賞受賞。翌2008年、親鸞賞受賞。著書多数。2010年2月逝去。

村井《むらい》 康彦《やすひこ》

1930年、山口県生まれ。京都市美術館館長。京都女子大学、国際日本文化研究センター、滋賀県立大学、京都造形芸術大学で教授を歴任。2008年、京都市文化功労者に選ばれる。著書『平安京と京都』『平安貴族の世界』『武家文化と同朋衆』『文芸の創成と展開』『千 利休』など。

辻《つじ》 惟雄《のぶお》

1932年、愛知県生まれ。MIHO MUSEUM館長、東京大学名誉教授、多摩美術大学名誉教授。東京大学大学院博士課程中退。東京国立文化財研究所美術部技官、東京大学教授、国際日本文化研究センター教授、多摩美術大学学長を歴任。著書『日本美術の歴史』『日本美術の見方』『奇想の系譜』『奇想の図譜』など多数。

鈴木《すずき》 嘉吉《かきち》

1928年、東京都生まれ。東京大学工学部建築学科卒業。文化庁文化財保護部建造物課長、同文化財鑑査官、奈良国立文化財研究所長などを歴任。文化財建造物の修理に永年関与する。編著書に『法隆寺』『上代の寺院建築』『不滅の建築』『古代寺院を復元する』など多数。

西川《にしかわ》 杏太郎《きょうたろう》

1929年、東京都生まれ。神奈川県立歴史博物館館長、（財）美術院国宝修理所理事長。慶應義塾大学文学部文学科卒業。1951年、文化財保護委員会（現・文化庁）に入り、文化庁文化財保護部美術工芸課長、文化財鑑査官、東京国立博物館次長を経て、1987年、奈良国立博物館館長、東京国立文化財研究所所長を歴任。現職に至る。著書『日本彫刻史論叢』『日本彫刻史基礎資料集成 平安時代 重要作品篇』ほか多数。

綾村《あやむら》 宏《ひろし》

1945年、京都府生まれ。京都女子大学教授。奈良文化財研究所、宮内庁東宮職などの勤務を経て、2006年から現職。共編著『石山寺の信仰と歴史』『東大寺文書を読む』『法隆寺の至宝8 古記録・古文書』など。

蔵田《くらた》 敏明《としあき》

1954年、広島県生まれ。名古屋外国語大学教授。劇団「創作工房」主宰。また映画専門誌「浪漫工房」の編集に携わるなど、多彩な活動を続けている。著書『時代別京都を歩く』『平家物語の京都を歩く』『徒然草の京都を歩く』など多数。

石川《いしかわ》 知彦《ともひこ》

1959年、静岡県生まれ。龍谷大学龍谷ミュージアム教授（学芸員）。1985年、神戸大学大学院文学研究科修了。大阪市立美術館研究副主幹を経て、2010年4月より現職。共著書『聖徳太子信仰の美術』『図説 役行者』など。

礪波《となみ》 恵昭《けいしょう》

1967年、大阪府生まれ。京都市立芸術大学美術学部准教授。京都大学大学院文学研究科博士後期課程中退。奈良国立博物館研究員を経て1999年より同大学専任講師、2009年より現職。共著書『日本彫刻史基礎資料集成 鎌倉時代造像銘記篇4』『長岡京市史』『韓国の美術・日本の美術』『仏像の見方・見分け方』など。

■写真協力　奈良国立博物館・飛鳥園・便利堂・桑原英文・鈴木嘉吉・森村欣司
■装丁・デザイン　ウーム総合企画事務所

新版 古寺巡礼 奈良 1 法隆寺

平成22年5月10日 初版発行
著 者 大野玄妙・立松和平
発行者 納屋嘉人
発行所 株式会社 淡交社
本 社 京都市北区堀川通鞍馬口上ル
営業 (075)432-5151
編集 (075)432-5161
支 社 東京都新宿区市谷柳町39-1
営業 (03)5269-7941
編集 (03)5269-1691
http://www.tankosha.co.jp
印 刷 大日本印刷株式会社
製 本 株式会社 オービービー

ISBN978-4-473-03631-5